# AUTO
# TERA
# PIA

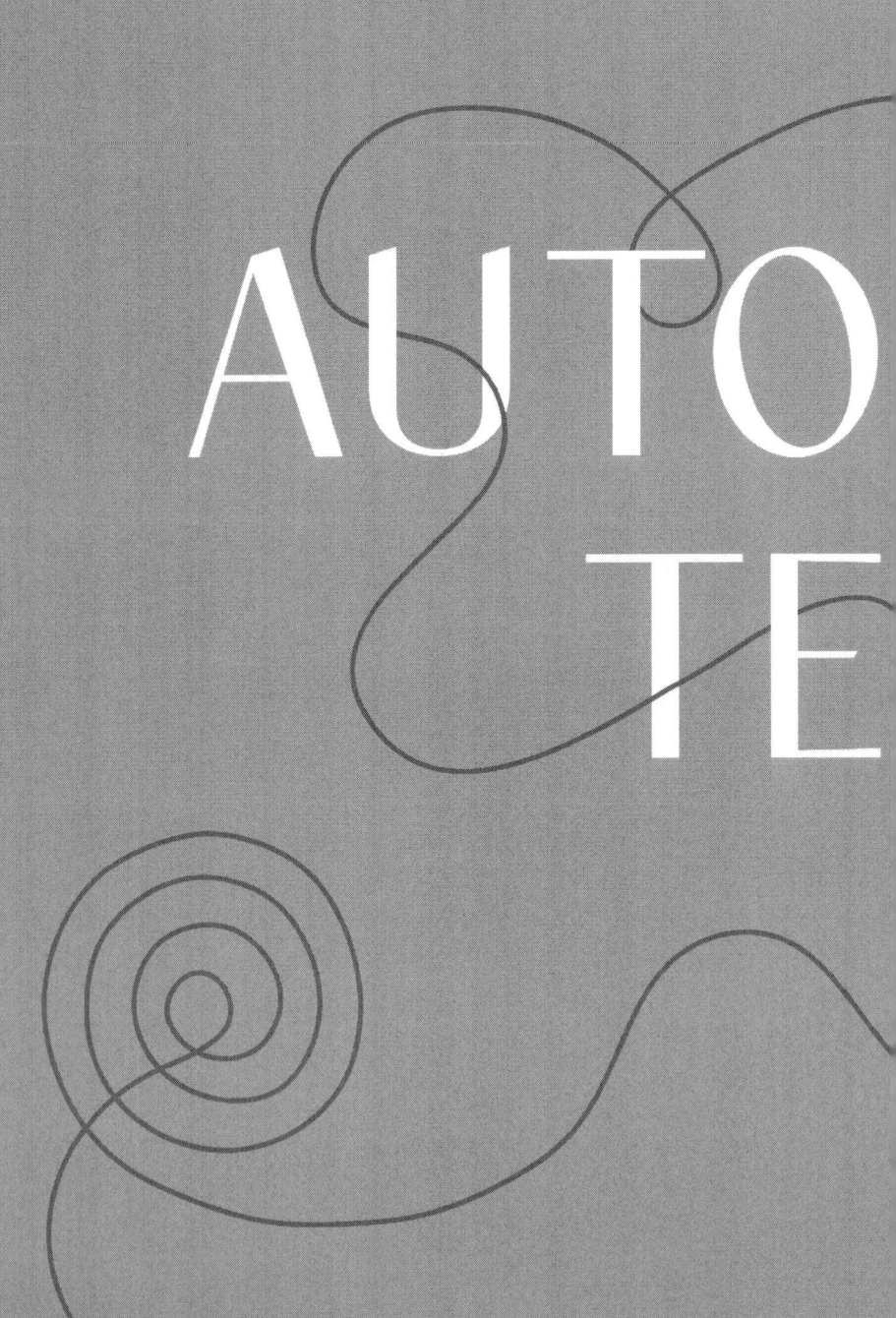

TATY ALVES

# RAPIA

## AS 4 DIMENSÕES
## HUMANAS

............

Capa
*Michelle Pereira*

Projeto gráfico e diagramação
*Michelle Pereira*

Crédito da ilustração de folhas
*Freepik.com*

Revisão
*Naila Barboni Palú*

............

**Dados Internacionais de Catalogação na Publicação (CIP)**
**(Câmara Brasileira do Livro, SP, Brasil)**

---

Alves, Taty
   Autoterapia : as 4 dimensões humanas : organize
sua vida física, mental, emocional e espiritual /
Taty Alves. -- 1. ed. -- Arroio do Padre, RS : Ed.
da Autora, 2023.

   ISBN 978-65-00-63227-9

   1. Autoterapia 2. Autodesenvolvimento
3. Psicoterapia I. Título.

---

23-146541                                   CDD-150.195

**Índices para catálogo sistemático:**

1. Psicoterapeuta e paciente : Relação clínica :
      Psicologia    150.195

Tábata Alves da Silva - Bibliotecária - CRB-8/9253-0

# SUMÁRIO

# Capítulo 1

## Contingência, responsabilidade e autoaperfeiçoamento

O primeiro conceito que eu quero trazer para você é: a diferença entre contingência e responsabilidade. Contingência é tudo que nos acontece e não está no nosso domínio, é toda manifestação externa que não se pode controlar. Aqui está um exemplo para ficar mais fácil de entender: você marca seu casamento para o dia 19 de abril e esse é o evento da sua vida. Você juntou dinheiro, mobilizou toda a família e amigos, fez os convites e pretende realizar o evento numa área externa do jeito que idealizou. Aí você começa a acompanhar a previsão do tempo e torcer para que não chova no dia. Porém o clima não se mostra favorável e você percebe: "Tá marcando dez por cento de previsão de chuva. Agora aumentou para vinte por cento, já está com cinquenta.". E então chega o dia 19 de abril e o que acontece? Chove. E você fica desolado, pensando: "Ai não! Isso não podia acontecer no dia do meu casamento, existe uma conspiração do universo contra a minha pessoa, não acredito!".

A contingência é uma manifestação externa que não está no nosso domínio, que não se pode controlar. Não há chance nenhuma de controlar a chuva, mas existe uma maneira de se proteger um pouco dos efeitos da contingência, que é através da responsabilidade. É justamente a responsabilidade que nos ajuda a lidar com a contingência. Por exemplo, na clínica, é muito comum chegar para mim, uma pessoa, entre vinte e trinta anos, com a queixa de que não consegue mais trabalhar, não consegue mais se concentrar para estudar, não consegue mais conversar direito com os outros, que está disfuncional, envolta em pensamentos e sofrendo muito. Então, pergunto: "O que aconteceu?". "O meu namorado terminou comigo", ela diz. Então eu falo: "Sim, mas você não sabia que existia essa possibilidade, que ele era livre – inclusive – para não ficar contigo?". "Sim, mas a gente ia pra Disney em 2035, já tínhamos feito muitos planos.".

A grande maioria dos eventos não conseguimos controlar. Contingência é tudo aquilo que não está no nosso domínio. Responsabilidade é o dever de respondermos pelo próprio comportamento, é a maneira como agimos diante daquilo que nos acontece. Quase que a totalidade do que chamamos de problema é a contingência ou como eu prefiro dizer: é só a vida acontecendo. Às vezes, a pessoa chega para mim e diz: "Ai, Taty, eu não aguento mais, estou muito triste porque eu fui demitida.". Isso é a vida acontecendo. Ou então: "Ai, Taty, eu bati o carro, mas não foi culpa minha.". A culpa pode não ter sido sua, mas a responsabilidade é. A responsabilidade por resolver as questões da sua vida sempre será sua.

Digamos que seu celular caiu e quebrou a tela ou que seu chuveiro estragou. Isso é a vida acontecendo. Isso não deve se tornar um problema emocional, é somente uma contingência, algo específico que tem uma solução específica. Entenda, não temos domínio da totalidade das coisas que nos acontecem. Muito pelo contrário: temos domínio sobre pouquíssimas coisas, sendo que uma delas – a principal de todas – é o nosso comportamento. E é sobre isso que eu quero falar com você. O que mais nos protege, de fato, é a ordenação das quatro dimensões humanas. É só assim que nos tornamos um pilar emocional, que ficamos fortes o suficiente para recebermos essas pancadas da vida e não cairmos.

Não é normal que um término de relacionamento te deixe disfuncional. Não é normal acontecer de chover no dia do seu casamento e esse fato acabar com a sua vida. Não é normal que alguém bata no seu carro e destrua o seu fim de ano. Não é normal que a tela do seu celular quebre e você se desespere. Não é normal bater com o mindinho do pé na quina da cama e você ficar afetado, com um humor péssimo, o dia inteiro. Tem que haver uma força interna para lidar melhor com esses acontecimentos, porque eles sempre existirão e podem se apresentar de infinitas maneiras diferentes.

A minha pretensão é te ajudar a desenvolver força interna para que você possa passar por esses momentos difíceis com

Não é normal que um término
de relacionamento te deixe
disfuncional. Não é normal
acontecer de chover no dia do
seu casamento e esse fato acabar
com a sua vida. Não é normal que
alguém bata no seu carro
e destrua o seu fim de ano.
(...)
Tem que haver uma força
interna para lidar melhor com
esses acontecimentos, porque eles
sempre existirão e podem
se apresentar de infinitas
maneiras diferentes.

mais tranquilidade, incluindo eventos mais graves, como abusos, doenças e perdas. Meu objetivo aqui é trazer clareza de pensamento e equilíbrio emocional. Por que essas duas coisas estão ligadas? Porque, quando temos clareza de pensamento sobre o que está nos acontecendo e qual o posicionamento correto diante daquilo, naturalmente, nos tornamos pessoas mais estáveis e temos um comportamento mais adequado.

Quando a pessoa chega desesperada até mim, não sabendo o que fazer, perguntando-se o porquê de estar dando tudo errado, eu digo: "Respira fundo, vou te explicar.". À medida que explico o que está acontecendo e o que é possível fazer, quase que instantaneamente ela se estabiliza e se equilibra emocionalmente.

Agora, eu pergunto: o problema dela foi resolvido? A circunstância da pessoa se modificou? Não. Mas, só de ela ter clareza de pensamento sobre o que estava acontecendo e o que é possível fazer a respeito, houve o equilíbrio emocional que ela precisava para começar a agir na direção correta.

Então, já conseguimos perceber o quanto a clareza de pensamento influencia diretamente em nosso equilíbrio interior e o quanto isso é imprescindível para agirmos de maneira ordenada na vida. Ao longo deste livro eu vou te ensinar o único caminho que nos mantém feliz sempre, porque existe, e, você vai saber exatamente qual é.

Qual é o meu outro objetivo? Virar algumas chaves internas essenciais para te tornar uma pessoa muito mais realizada. Esse caminho que eu vou ensinar para você foi o mesmo que apliquei em minha vida e, que, já transformou também a vida de centenas de clientes meus. Ou seja, recolhi minhas experiências (pessoais e clínicas), fruto de estudo e prática, para ajudar você a se tornar uma pessoa muito mais realizada, assim como eu me sinto hoje.

Por onde começar? Essa é a pergunta que eu mais ouço. Às vezes, a pessoa está em um caminho, mas não sabe muito bem como trilhar, não sabe por onde seguir, tem muitas dúvidas e não sabe exatamente aonde quer chegar. Então ela busca novos caminhos continuamente o que faz com que não alcance resultados relevantes. Eu vou te orientar. A proposta deste livro é ser um passo a passo para você ordenar sua vida nas quatro dimensões humanas, e, eliminar – de forma definitiva – toda confusão interna nessas áreas.

Antes de mais nada, você precisa entender que todo ato é solitário. Eu sei que a tendência natural é colocar a culpa nas pessoas com quem se convive. É comum ouvirmos frases como: "Eu não me alimento bem por causa do meu marido." ou "Eu não me esforço porque meus colegas são todos muito preguiçosos.".

A tendência humana é se esconder na manada, na massa. Mas me deixe te contar um segredo: no fim de cada dia da sua vida, quem responde por ter feito ou não alguma coisa é você, não é a massa, não é a manada. Por mais que você queira se esconder ou transferir sua responsabilidade, isso não é possível, porque, no fim, quem assina a biografia da sua vida é você e mais ninguém. Então assuma a sua responsabilidade, responda pelos seus atos. Saiba que esse conteúdo é riquíssimo. Para alguns, vai ser um antes e depois. Para outros, será apenas mais um conteúdo. E essa decisão é individual, ou seja, todo ato é solitário. Errar nas mesmas escolhas todos os dias não é uma falha, é uma decisão. A realidade te chama a escolher novamente.

Espero que este livro traga para você o mesmo insight de mudança de vida que tive quando eu tinha vinte e oito anos. Eu estava obesa e endividada, sem ter construído praticamente nada em minha vida. Tudo que eu tinha era meu relacionamento, pelo qual eu agradeço a Deus todos os dias.

Fora meu casamento, eu praticamente não tinha nada. Quando percebi que fazer ou não fazer algo da minha vida era responsabilidade minha, aquilo me pesou muito. Eu pensei: "O que eu fiz da minha vida até meus vinte e oito anos?". Eu comia, dormia e trabalhava para sobreviver. Era aquela nítida roda dos ratos, quando se corre sem sair do lugar. Foi isso que eu vivi até meus vinte e oito anos.

Eu não sei qual é a sua realidade. De repente, você está com dezessete anos. Isso significa que você está onze anos à frente do meu estalo. Quem sabe essa será a oportunidade de você evitar muitos erros e resolver sua vida muito antes. Ou então você vai me dizer: "Não, Taty, eu já estou com quarenta, cinquenta, sessenta anos.". Nada muda. Pra você não é diferente. Independentemente da idade, todos nós só temos dois momentos certos na vida: o agora e a morte. A realidade nos chama a escolher novamente, e, lembre-se desta frase: errar nas mesmas escolhas todos os dias não é uma falha, é uma decisão.

Entenda, não decidir também é uma decisão. Ou você opta pela mediocridade, como eu escolhi viver até meus vinte e oito anos, ou vai fazer a opção pelo autoaperfeiçoamento. Mediocridade é um vício que nos aprisiona e nos entristece. Aprisiona porque você está ali anos e anos correndo na rodinha: come, dorme, trabalha, come, dorme, trabalha... Como se estivesse estagnado, não vai e nem volta, vivendo sem progredir. Isso entristece, porque sabemos que tem uma vida em potencial sendo desperdiçada.

Não adianta. Por mais que você queira dizer para a sua mente "Está tudo bem estar acima do peso, está tudo bem não ser muito bom na minha área profissional, está tudo bem ter brigas no relacionamento, está tudo bem ter algumas dívidas, a vida é assim mesmo.", me deixe te contar outro segredo.

Sua mente não aceita esse papinho, nem o seu peito. Quando você se olha no espelho e não se admira, isso fica muito claro. Essa insatisfação vem de você estar escolhendo dia após dia o viés da mediocridade, ou seja, está desperdiçando um potencial que existe aí dentro. Você sabe que pode mais do que isso. Sabe que pode começar hoje um novo caminho para ser, fazer e ter muito mais.

O autoaperfeiçoamento, ao contrário da mediocridade, é empreender um caminho de melhoramento contínuo. O ser humano não foi feito para estagnação ou regresso. Sempre que você estiver estagnado

ENTENDA,
DECIDIR T
É UMA DE

NÃO

AMBÉM

CISÃO.

ou regredindo em qualquer área da sua vida, seja pessoal, financeira, profissionalmente, ou ainda no seu relacionamento, isso vai te entristecer. Porque a mediocridade não satisfaz a alma humana, fomos feitos para o autoaperfeiçoamento.

Ou seja, ou você continua tendo uma vida medíocre ou vai entrar em um caminho de melhoramento contínuo, que é o caminho que venho trilhando desde os meus vinte e oito anos. E tive muito mais resultado em cinco anos de autoaperfeiçoamento do que em vinte e oito anos de mediocridade. Só então eu pude experimentar níveis mais elevados de felicidade. E é isso que eu quero para a sua vida. Espero do fundo do meu coração que você opte pelo autoaperfeiçoamento a partir de hoje. E faça desse conteúdo, realmente, um antes e depois.

Vamos pensar que, nós, seres humanos, somos como uma mesa tradicional com 4 pés. E cada pé dessa mesa compõe um pilar que nós precisamos ordenar para ficarmos fortes, ou seja, firmes. Esse móvel não se sustenta com um pé ou dois. Com três pés já é possível equilibrar alguma coisa, mas em uma mesa forte, com quatro pés firmes, você não somente apoia-se, mas sobe e dança em cima dela com tranquilidade.

É isso que eu quero para a sua vida. Quero que as contingências não te abalem, não te derrubem. Quero que você seja, de fato, um ser humano forte. E, para sermos fortes, assim como nossa analogia, nós precisamos ter esses quatro pilares bem ordenados em nossas vidas.

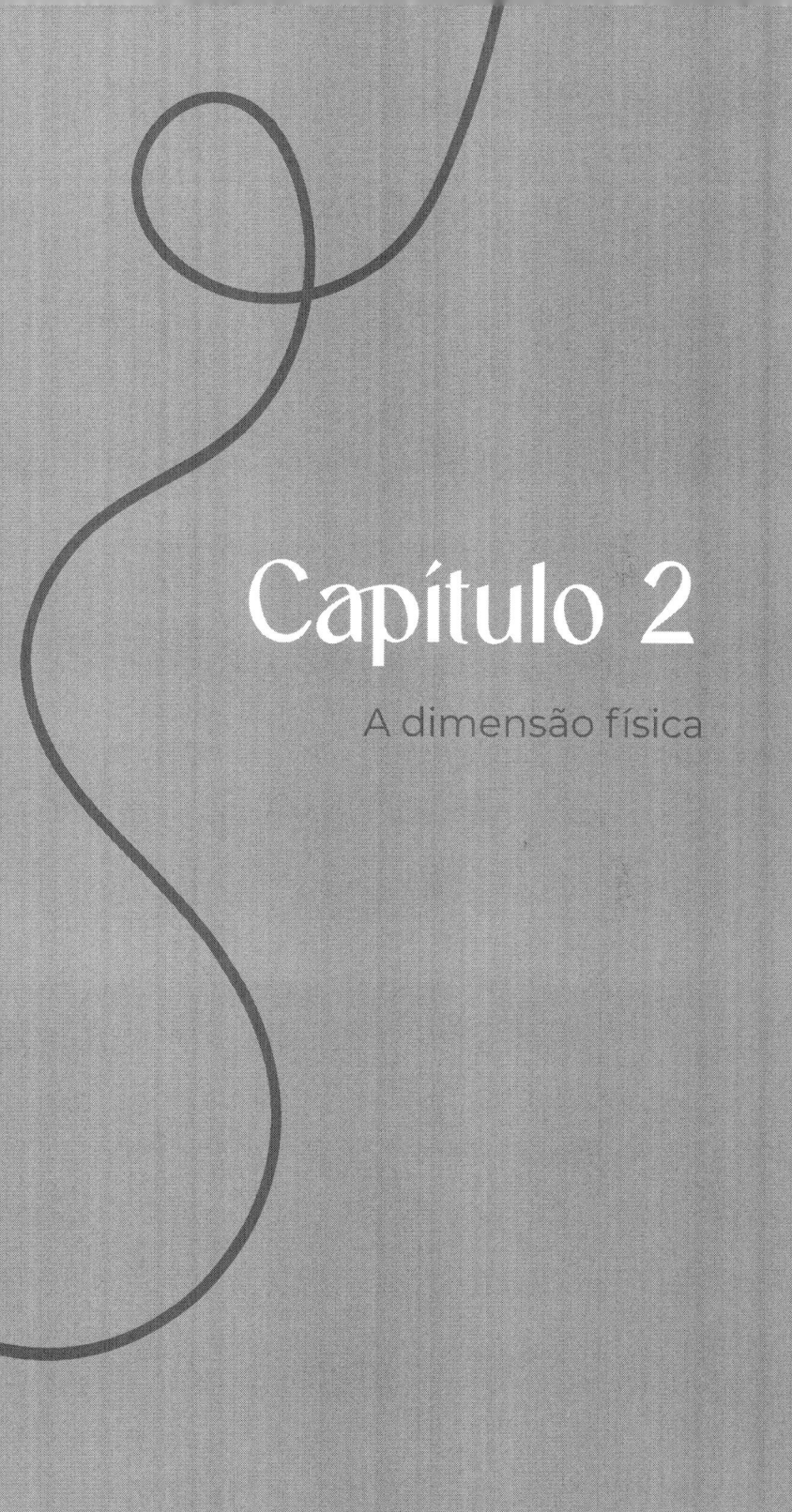

# Capítulo 2

A dimensão física

Vamos conhecer a primeira dimensão humana: a dimensão física. Quero compartilhar uma frase de Sócrates: "Não devemos dar máxima importância ao viver, mas ao viver bem.". Quantas vezes eu vejo pessoas apegadas à vida! "Taty, eu não posso morrer!", "Acabei de ser diagnosticada com uma doença, mas não posso morrer!". Então eu digo: "Mas por quê? Um dia você vai morrer.". Depois de uma reflexão, lá no fundo a pessoa admite: "Eu preciso me sentir realizada antes de morrer.".

A maioria das pessoas não sabe o que é viver bem. Foi a partir do momento que descobri o que era viver bem que eu tive a clareza de que eu vivi vinte e oito anos com a minha realização pessoal e a minha energia vital lá em baixo, a trinta, quarenta, no máximo cinquenta por cento do que eu vivo hoje – com muito mais idade – enquanto escrevo este livro. Então o que nos livra desse apego excessivo à vida? É viver bem. Não devemos dar máxima importância ao viver, mas sim ao viver bem. À medida que descobrimos e experimentamos uma boa qualidade de vida, naturalmente sentimos paz, um senso de realização se instala. Esse apego demasiado, na verdade, denuncia a percepção de um fracasso vital e uma infelicidade crônica. Como a pessoa não se sente realizada, ela pensa precisar de um pouco mais de tempo para se realizar. A única solução possível é trilhar o caminho do autoaperfeiçoamento até o último dia, só a evolução satisfaz a alma humana.

Hoje eu consigo dizer: "Olha, se eu morrer agora, estou realizada. Se eu morrer daqui a seis meses, vou realizar mais coisas e elevar o nível da minha satisfação. Assim como, se eu morrer daqui a cinquenta anos, vou ter tempo para evoluir ainda mais e realizar mais coisas, e assim, permanecer satisfeita até o meu último dia.". Mas eu não tenho mais esse apego, porque cada dia faz sentido. Todo dia é bom. Só de estar trilhando o caminho do autoaperfeiçoamento, de estar melhorando continuamente, eu me sinto realizada. Já descobri o que é viver bem – dentro das minhas possibilidades e limitações.

Vamos lá. Vamos ordenar a dimensão física?

## O sono

Em primeiro lugar: temos que cuidar do nosso sono. Quando alguém chega até mim para fazer terapia, uma das primeiras coisas que pergunto é sobre a qualidade do sono. A pessoa argumenta: "Não, Taty, mas é que eu tive uma perda.". E eu digo: "Tá, tudo bem, mas existe uma dimensão física que precisa ser ordenada, nem tudo é psicológico.".

Nem tudo que envolve uma exaustão mental diz respeito à psicologia. Muita coisa diz respeito à biologia. Me responda com sinceridade: quantas vezes você deitou e levantou ainda mais cansado mentalmente? Quantas vezes você se deitou, mas não conseguiu pegar no sono porque estava preocupado? Ou você dormiu, mas acordou inúmeras vezes durante a noite e ficou virando de um lado para o outro até o relógio despertar e você levantar completamente desanimado para encarar mais um dia?

É óbvio que você não teve um sono restaurador. Como não teve um sono de qualidade, começará o dia exausto. Isso acarreta muito estresse, porque o sono tem muitas funções em nosso organismo, ele regula hormônios e uma série de outras coisas. Quando não conseguimos dormir bem, consequentemente, não conseguimos viver bem.

Portanto, caso queira descobrir o que é viver bem, é imprescindível você ter um sono de qualidade. Para isso, existem inúmeras soluções e possibilidades, alguns bons hábitos fazem toda a diferença; como ter uma rotina de sono, ter horário para deitar e levantar. Procurar ter um ambiente escuro e silencioso. Desligar ou ir baixando as luzes da casa à medida que a hora de dormir vai se aproximando. Largar o celular e procurar diminuir o ritmo para induzir o sono.

Contudo, é possível que – mesmo fazendo uma boa higiene do sono – ele não venha. Ou tenha uma péssima qualidade. Então é hora de tomar providências e procurar profissionais da área para fazer uma investigação e um tratamento adequado. Não pare enquanto você não conseguir experimentar um sono profundo e restaurador. Pois isso influencia diretamente a sua qualidade de vida.

# A alimentação

Qual é a segunda coisa que eu quero falar da dimensão física? A alimentação. Na maioria das vezes, nossa relação com a comida, com a alimentação, é de recompensa, ou seja: queremos um prazer imediato. Vou comer um chocolate porque quero sentir prazer. Vou comer um prato de macarrão porque quero sentir prazer. Vou comer hambúrguer porque quero sentir prazer. Vou tomar sorvete porque quero sentir prazer. Vou tomar um copo de refrigerante porque quero sentir um prazer fácil e imediato.

Geralmente, nossa relação com a comida está muito mais ligada à recompensa do prazer do que à nutrição, e isso gera obesos desnutridos. "Como assim, Taty? Desnutridos não são pessoas esqueléticas?". Não, desnutrido é todo aquele que não tem os nutrientes necessários em seu organismo.

Quando eu estava vinte quilos acima do meu peso ideal, tentei doar sangue três vezes e nas três recebi o mesmo diagnóstico: eu não podia doar sangue porque eu estava praticamente anêmica. Ou seja, eu não tinha nutrientes nem para mim, quiçá para outra pessoa ao fazer a doação. "Não podemos receber sua doação, cuide primeiro da sua saúde", me disseram, sendo que eu estava vinte quilos acima do peso. Isso deixa claro que sobrepeso não é sinônimo de saúde ou de estar bem nutrido.

Isto é, a nutrição não tem relação com esse mecanismo alimentar que criamos, de usar a comida como recompensa por um senso de fracasso em outras áreas da vida. Porque geralmente é assim que acontece: "Como eu me sinto um fracasso no meu trabalho, ou no meu relacionamento amoroso, ou na minha vida financeira, ou na minha vida social... eu vou comer e sentir um prazer fácil e imediato que vai compensar essa falta de realização vital.". Isso está fazendo uma geração inteira de obesos desnutridos. Nessa dimensão física, da qual estamos falando, é de extrema importância atender a demanda de nutrientes do nosso corpo, do nosso organismo, para que ele funcione bem. À medida que uma pessoa não dá para seu corpo os nutrientes necessários, ele começa a parar de funcionar de maneira gradativa. Alguém que tem uma alimentação desordenada por muito tempo possivelmente desenvolverá, por exemplo, diabetes. Isso é uma desordem na fisiologia dela, na produção de insulina. Assim como, uma má alimentação pode causar sobrepeso e um déficit de nutrição que, por sua vez, pode causar falta de energia, tristeza, desânimo, indisposição e baixa autoestima.

Então, caso queira descobrir o que é viver bem, você terá que tomar algumas medidas de cuidado em relação a sua alimentação. Aqui eu vou citar o básico do básico para não te deixar sem nenhum tipo de orientação: substitua todo produto industrializado por coisas naturais, coma os alimentos que você encontrar na feira e no açougue. Vai substituindo seus hábitos alimentares ruins por hábitos alimentares melhores aos poucos, sem pressa, para evitar o estresse agudo que leva à desistência. Faça as substituições respeitando suas limitações. O primeiro passo é evitar os industrializados, derivados da farinha de trigo, aquilo que contém porções elevadas de açúcar, e as frituras. Procure beber água suficiente para manter-se hidratado, consumir alimentos que são fontes de proteína e gordura boa. Lembre-se da dica de ouro quando for às compras: dê preferência para o que você encontrar na feira e no açougue.

Se você começar a comer o que tem na feira e no açougue, já vai se tornar uma pessoa bem mais nutrida. Possivelmente, não uma pessoa magra, mas nutrida, e aqui o objetivo é a nutrição. Para você viver bem, seu corpo tem que funcionar bem, e, se você viver de fast-food e refrigerante, seu corpo vai apresentar os frutos dessa má alimentação em forma de cansaço, fome demasiada, doenças, entre outros.

Você tem a responsabilidade de se alimentar como um adulto. Tire da cabeça esse mecanismo de recompensa através da alimentação. A maioria das pessoas sente tanta vontade de comer e sente tanta fome porque está desnutrida. Eu tinha muito mais vontade de comer na época que eu estava obesa porque meu corpo pedia. Mas meu corpo pedia nutrientes e eu dava porcaria. Aí ele não conseguia aproveitar nada no que eu tinha dado. Então ele pedia de novo, e eu dava açúcar. E ele pedia mais. E eu dava mais alimentos sem valor nutricional algum, eu me alimentava de calorias vazias, nada era suficiente.

Saiba que, à medida que começar a melhorar a qualidade da sua alimentação, seu corpo vai se nutrir e você vai, gradativamente, sentir menos vontade de comer. Entenda, um organismo desnutrido é um

A
BILIDADE
ENTAR
ADULTO.

organismo permanentemente insatisfeito. Grande parte da humanidade está viciada em carboidratos simples, em calorias vazias, em açúcares, pois eles agem em nosso cérebro em poucos segundos liberando uma sensação de bem estar. Assim, a pessoa não sabe por que sente tanta vontade de tomar aquele copo de refrigerante ou comer aquela barra de chocolate; mas, isso acontece porque ela tem uma recompensa química neural, e possivelmente esteja se viciando. Lute por não ser escravo da sua alimentação e ter um corpo bem nutrido.

Quando comecei a fazer essas substituições, fui devagar lapidando minha alimentação aos poucos. Não mude tudo de uma hora para outra, provavelmente você perderá a guerra. Enfrente uma batalha de cada vez, respeite suas limitações e tenha claro em mente o objetivo de se alimentar bem para sempre. Quando pensamos a longo prazo, não faz grande diferença implementar os novos hábitos em dias, semanas ou meses. O importante é que essa mudança seja permanente. Então tenha um bom foco, comece gradativamente a substituir os industriais por alimentos naturais, por tudo que tem na feira e no açougue. Aos poucos, você vai conseguir fazer da sua alimentação uma fonte de nutrição e não de recompensa.

## A atividade física

De forma concreta e objetiva, a atividade física é o que mais nos ajuda a deitar a cabeça no travesseiro e dormir, pois – além de produzir hormônios de bem estar –, um corpo sedentário e uma mente agitada é a receita perfeita para a insônia. Contudo, é muito comum ver pessoas com uma exaustão mental quase permanente, pessoas que já acordam com um peso na cabeça, que não param de usar sua imaginação para pensar coisas negativas e nocivas, como a preocupação excessiva e a apreensão demasiada do futuro, porém, essas mesmas pessoas, por gastarem uma energia vital valiosa com pensamentos desnecessários, na maioria das vezes, não dão a atenção necessária ao seu corpo, não têm ânimo para fazer atividade física, e, assim, acabam cedendo ao sedentarismo, e não há nada pior para a qualidade do sono do que uma mente exausta e um corpo descansado. O corpo, sempre que pode, se atira no sofá, na cadeira ou deita em uma cama. Mas a mente parece um trator que não desliga nunca. Você se identifica com isso?

Então, o ideal é que cansemos o corpo e a mente à mesma medida. Por isso eu aconselho fortemente a atividade física, pois ela libera hormônios essenciais para o nosso bem-estar e disposição, ou seja, estarmos bem dispostos e termos um clima interior melhor. É imprescindível fazer atividade física se você deseja descobrir o que é viver bem. "Ai, Taty, mas eu não gosto!" Quase ninguém gosta. Existe uma pequena parcela da humanidade que aprende a gostar por conta dos benefícios que ela traz, mas a grande maioria faz por disciplina e recompensa, não por gostar da atividade em si.

Temos que mirar nos benefícios que a atividade física trará para nossa vida: a disposição, a sensação de bem-estar e um sono de qualidade. Por isso temos que fazer isso mesmo contra vontade pelo menos três vezes por semana, qualquer atividade física que seja.

Você pode argumentar: "Taty, eu não tenho condições de frequentar uma academia.". Então você vai colocar seu tênis, botar o pé na estrada e vai fazer, pelo menos, trinta minutos de caminhada. É impossível que você me dê uma desculpa para isso. E, caso arranje uma desculpa, saiba que quem é bom em dar desculpa, não é bom em mais nada. Se esse for o caso, você nunca vai descobrir o que é viver bem, porque você não quer.

Dói, né? Se você não se comprometer com algumas coisas a partir de hoje, você vai morrer sem descobrir o que é viver bem. Se eu tivesse morrido antes dos meus vinte e oito anos, antes da minha "virada de chave", eu não teria descoberto. Como já experimentei os dois estilos de vida, posso dizer:

vale o esforço, vale a pena sair da zona de conforto para, assim, conseguir desfrutar de uma vida com muito mais qualidade.

Tem dias que eu começo a trabalhar às sete horas da manhã e paro à uma da madrugada. E faço isso bem disposta e bem humorada, porque venho cuidando dos meus quatro pilares, das quatro dimensões humanas, com constância há alguns anos. Então eu tenho essa energia e uso quando preciso, mas antes eu não tinha.

Caso você queira descobrir o que é viver com energia vital, você terá que se comprometer com algumas práticas, e a primeira delas é a atividade física, pois é o que vai te dar mais disposição, vai cansar mais um pouco seu corpo. E quando você deitar a cabeça no travesseiro, a tendência será você desligar com um pouco mais de facilidade. Isso vai te ajudar a dormir. E um sono restaurador vai baixar seus níveis de estresse, o que vai te ajudar a fazer melhores escolhas alimentares. Então foque em fazer atividade física para você conseguir ter um sono reparador e uma alimentação nutritiva.

Esses primeiros três tópicos da dimensão física são a base de tudo. Sem um sono restaurador, alimentação de qualidade e atividade física, não é possível construir nada.

Sem ordenar esses três primeiros tópicos que foram abordados, você não deve se preocupar com os próximos. É simples assim. Talvez até hoje você não tenha descoberto e experimentado a sensação de viver bem porque nunca dormiu sete, oito horas com qualidade, não teve uma boa alimentação e nunca fez atividade física regularmente. Esses três primeiros tópicos da dimensão física que vimos até agora, são os mais importantes, não os despreze. Eles são como alicerce para qualquer edificação que você queira fazer em sua vida.

## A força estética

O quarto ponto da dimensão física é a força estética, que está muito ligada à nossa autoestima. Quero falar aqui sobre o autocuidado. Como você trata, por exemplo, seu cabelo? É aquele cabelo cheio de mechas passadas que você não sabe nem de que cor são? É um cabelo sem corte? Homens, como é sua barba? É uma barba desleixada? Como é seu corpo? É um corpo forte, resistente? Como é sua postura?

Isso é necessário, isso é a força estética. Nossa imagem comunica muita coisa para as pessoas, e o olhar delas – ou seja, o que as pessoas pensam sobre nós – contribui muito para que nossa autoestima seja baixa ou alta. Temos que ter cuidado com nossa imagem. Dar atenção ao cabelo, à pele, fazer a unha, usar maquiagem, colocar algum acessório ou roupa que faz com que nos sintamos bem. E não precisamos fazer altos investimentos financeiros para isso.

Na maioria das vezes, as pessoas são desleixadas porque querem ou por preguiça. Não é por falta de recurso. Também é possível uma pessoa que tem poucos recursos ter autocuidado. Por exemplo, a forma como você fala faz parte da sua força estética. Se um palestrante estiver com a postura curvada, falando em voz baixa, ninguém lhe dará atenção. Ninguém dá atenção para uma pessoa que não tem uma determinada força estética.

Alguém chega na terapia e fala: "Eu não consigo conquistar ninguém, ninguém me manda mensagem, ninguém me dá uma cantada, ninguém chega em mim. Eu não chamo a atenção de ninguém.". Mas como será que está a força estética dessa pessoa? O que o outro pensa quando olha para ela? Porque o jeito como a pessoa faz uma coisa é o jeito como ela tende a fazer todas as coisas. À medida que ela demonstra que cuida – ou não – de si mesma, da sua imagem, do seu corpo, o outro entende – subliminarmente – que aquela é a maneira como a pessoa cuida de tudo e fica interessado ou não à primeira vista. Muitos potenciais relacionamentos não acontecem devido à primeira impressão. Uma imagem harmoniosa, uma boa postura e uma comunicação adequada são grandes aliados.

Se sua autoestima está muito baixa, é imprescindível você se perguntar: como está minha força estética? O que as pessoas pensam logo que me enxergam? Sou uma pessoa desleixada que se senta curvada na cadeira? Que não consegue se comunicar direito? Se esse for o caso, muito dificilmente você terá uma autoestima elevada.

Por isso que eu recomendo tanto a musculação: é algo que põe a postura no lugar e te dá força física para você enfrentar o mundo. Quando temos um corpo forte, é muito mais fácil desenvolvermos uma alma forte.

Cuide da sua imagem. É muitíssimo importante.

# As patologias

Neste tópico da dimensão física quero abordar as patologias. Nem sempre é possível dar conta de tudo somente com técnicas comportamentais. Às vezes existem doenças que nos limitam, que nos impossibilitam de fazer certas coisas, e precisamos tratar isso com seriedade. Eu sugiro fortemente, que você procure fazer alguns exames, porque muitas vezes a pessoa está com uma energia baixa, completamente desanimada, e não sabe o porquê. "Taty, minha alimentação é certa, faço atividade física e durmo com qualidade, mas ainda não estou bem." Quando esse é o caso, a pessoa acha que é psicológico e não encontra a fonte do problema.

Muitas vezes, isso se trata de uma desorganização biológica. Pode não haver fatores psicológicos envolvidos, mas sim, um déficit de vitaminas, hormônios desregulados, um desajuste metabólico e tantas outras coisas que só uma investigação revelará, por isso, ressalto a importância de fazer exames. É necessário saber também, que, como já vimos, se alguém, por exemplo, consumir açúcar de forma desenfreada por longo período, provavelmente sua produção de insulina será acometida. Da mesma maneira, uma pessoa que viveu longos períodos de infelicidade ou muitos momentos de estresse agudo, poderá desenvolver um transtorno mental, uma desordem neural. Por exemplo: um abuso sexual durante anos na infância; um relacionamento ou ambiente opressivo, onde a vontade da pessoa foi sufocada; um trabalho com níveis muito elevados de estresse; viver esse tipo de situação, cria um clima interior de infelicidade crônica, ou um estado constante de luta ou fuga: "Diante dessa ameaça, desse medo, desse cansaço, dessa humilhação, eu luto ou fujo? Eu me calo ou reajo? Conto para alguém ou guardo isso para mim? Será que eu dou conta de resolver isso? O que eu faço?" Assim ela pensa.

À medida que a pessoa vive um período longo de estresse, ou com um sentimento de infelicidade permanente dentro de si, é possível que ela desenvolva uma desordem neural. Afinal, o cérebro – que é um órgão passível de anomalias, como qualquer outro órgão do nosso corpo –, quando tem que lidar com situações atípicas, com uma sobrecarga durante anos, pode sim gerar uma patologia. Como isso vai ser resolvido? Com fármacos. Não podemos, de forma alguma, ser inimigos dos medicamentos. Quando se tem um problema relativo ao coração procura-se um cardiologista, quando se tem uma questão metabólica procura-se um endócrino, quando se tem uma questão neural procurar-se um neurologista, assim como, para um transtorno mental deve-se procurar um psiquiatra.

Nem sempre nós vamos conseguir resolver nossos problemas sozinhos. Existem, sim, patologias, como as que acometem pessoas bipolares, esquizofrênicas, profundamente depressivas, que passaram por longos períodos de estresse, pessoas que acabaram desencadeando um problema sério de ansiedade etc. São patologias que devem ser tratadas através de exames, do auxílio de especialistas e de tratamentos adequados para a pessoa viver bem.

Muitas vezes, ao longo da vida, vamos precisar de exames, especialistas e fármacos, e não tem nada de errado com isso. Errado é negligenciar a própria saúde, é não procurar saber se o corpo está funcionando bem. Quando não estamos nos sentindo bem, é responsabilidade nossa buscar descobrir a causa e fazer o possível para melhorar.

## Mundo material, concreto e objetivo

Existe também o mundo material, concreto e objetivo, que quero abordar dentro da dimensão física. Se trata da realidade – do mundo e pessoas ao nosso redor – que muitas vezes negligenciamos. Ou seja, é preciso sair de dentro da própria cabeça. Pois, a falta de presença é a origem de toda ansiedade e depressão. Anote: ansiedade e depressão têm origem na falta de presença. É preciso estar com a mente e o corpo no mesmo lugar para não ser acometido por esses transtornos psicoemocionais.

É muito comum estar perdido em pensamentos, principalmente em pensamentos ruins. Fiz centenas de atendimentos no último ano e vi que a maioria das pessoas vive em um estado – quase constante – de neurose ou obsessão. Ou seja, o indivíduo não tem presença: ou está vivendo no passado – naquilo que aconteceu, iria acontecer ou que ele gostaria que tivesse acontecido –, ou então está vivendo no futuro; envolto em preocupações e apreensões demasiadas que o tornam improdutivo, e, portanto, infeliz. Isso é viver dentro da própria cabeça, sem estar presente, e acarreta em muitos problemas objetivos e subjetivos – concretos e psicológicos.

Qual é o exercício que rapidamente nos conecta ao corpo e nos traz presença? Respiração profunda. Quando você estiver em uma crise psicoemocional; quando estiver com o estresse lá em cima; quando você quiser silenciar seus pensamentos; quando for madrugada e você não estiver conseguindo dormir por conta das preocupações – porque seus pensamentos não dão uma trégua! –, lembre-se de respirar profundamente. Isso vai te

Quando você estiver em uma crise psicoemocional; quando estiver com o estresse lá em cima; quando você quiser silenciar seus pensamentos; quando for madrugada e você não estiver conseguindo dormir por conta das preocupações – porque seus pensamentos não dão uma trégua! –, lembre-se de respirar profundamente.

conectar ao seu corpo, vai aumentar seu nível de consciência até você conseguir sair de dentro da sua cabeça e voltar a ter o domínio do seu comportamento e equilíbrio emocional para fazer o que tem que ser feito – seja o que for. Saiba que o uso dos sentidos é o que nos conecta ao nosso corpo e nos traz presença.

Use sua visão, sua audição, seu olfato, seu tato e seu paladar para você se reconectar ao seu corpo, porque não há possibilidade nenhuma de você resolver sua ansiedade ou seu pensamento depressivo sem isso. O que te traz de volta ao mundo concreto e objetivo – à realidade em si –, são os teus sentidos. Então, respire profundamente e aja. Existe um poder na ação; em algum momento você precisa ter este insight: "Olha, desconfio que minha cabeça está me sacaneando, então vou usar os meus sentidos para direcionar minha atenção para a realidade e voltar a ter presença, ao mundo real. Vou conversar com alguém, dar uma caminhada, fazer uma pipoca, brincar com um bichinho, ver um filme...". Eu, particularmente, quando preciso sair de dentro da minha cabeça costumo tocar piano; contemplar a natureza; passar um café, porque amo sentir o cheiro do café coado no ambiente. Essas atividades são capazes de me reconectar ao meu corpo, e me trazer presença. Portanto, quando você perceber que está preso em seu mundo interior, onírico, de fantasias e preocupações, use seus sentidos.

Diversas vezes eu vejo pessoas na praia – ou em qualquer outro lugar –, mexendo no celular em tempo integral, sem desfrutar daquele momento, das pessoas e do mundo concreto ao seu redor; vivem distantes, num tempo psicológico e num espaço interior. Toda pessoa que não aprende a desfrutar dessa dimensão física concreta, objetiva e material, tem uma tendência a algum tipo de neurose e uma insatisfação crônica. A pessoa que não tem presença é pouco feliz. E, não poderia ser diferente, pois em sua vida ela passa mais tempo em relação com seus pensamentos, do que em relação com a realidade.

Dessa forma, busque ter presença, desfrutar e se divertir. Muitas pessoas desaprendem essa dádiva, e pensam: "Como assim me divertir? Não sou mais criança, não tenho tempo para bobagens, tenho um monte de problemas para resolver.". Sim, e provavelmente seu clima interior vai seguir piorando até você aprender a se divertir em meio a suas circunstâncias – o que geralmente acontece na velhice. Não espere tanto tempo para desfrutar de sua vida do jeito que ela é. Aprenda a respirar fundo, a usar seus sentidos, a se conectar às pessoas e ao mundo ao seu redor, e, então, tirar o melhor proveito da sua realidade. Saiba que, as circunstâncias nunca serão do jeito que gostaríamos que fossem. E entender isso é de extrema importância para nossa saúde psicoemocional.

Me deixe te contar outra coisa: o que mais nos tira o sono no final de um dia é não ter cumprido nosso dever. É não ter feito as coisas mais importantes, não ter deixado a preguiça de lado e matado a lista de pendências. Isso é basicamente o que acontece na vida de quem se perde em pensamentos e preocupações. E tenho certeza que muitos desses pensamentos são mais ou menos nessa linha: "O relógio despertou, mas não levantei.", "Tinha que botar a roupa pra lavar, mas não botei.", "Eu tinha que ligar pra minha tia, mas não liguei.", "Tinha que entregar aquele relatório do trabalho, mas não fiz.".

À medida que você não cumpre seu dever, é óbvio que vai se perder em pensamentos e preocupações, pois está transferindo o ato, a ação que deveria ser feita para sua mente, então se perde em pensamentos, sobrecarrega sua psique com a culpa por estar procrastinando. Entenda um conceito: cem por cento da sua culpa ou frustração não vai resolver um por cento dos seus problemas. Isso é duro, mas é real. Cem por cento da sua preocupação antes de dormir, durante a madrugada ou pela manhã antes de levantar, não vai resolver um por cento da sua dívida, dos seus deveres, da sua doença, dos seus problemas relacionais etc.

Qual é o segredo para deixar a procrastinação de lado e agir? Aprenda a fazer uma lista de pendências por ordem de prioridade e procure executar com o máximo de presença que conseguir. Às vezes, as pessoas estão ansiosas, preocupadas, estressadas e tão confusas com tudo isso, que quando pergunto: "O que está te afligindo?", a pessoa diz: "Ai, é tanta coisa que eu nem sei te dizer.". Assim você não vai conseguir lidar com seus problemas, sua preocupação precisa ter nome, forma, estar claro para você o que está te perturbando, precisa existir uma lista de pendências, ou você vai ficar envolto em pensamentos para sempre. Portanto, caderno e caneta ou um aplicativo. Lista de prioridades. Anote duas, três, quatro coisas importantes que devem ser realizadas durante o dia e o resto, deixe pra lá. É assim que você vai se organizar mentalmente, deixando a preguiça de lado e matando sua lista de pendência com presença, prioridade e ação.

Se não tivermos clareza e presença, nunca estaremos em paz, não encontraremos graça em nada e em lugar nenhum, porque a nossa realidade nunca será exatamente como gostaríamos que fosse. Sempre haverá um mal-estar físico, emocional, financeiro, relacional, porque isso é a vida acontecendo. Você não tem domínio sobre quase nada, mas tem domínio sobre três ou quatro coisas das quais, mesmo assim, você não dá conta. Se não aceitarmos, acolhermos e buscarmos salvar nossas circunstâncias atuais com presença, prioridade e ação nunca encontraremos graça no agora.

# Questionário

Para encerrarmos a dimensão física, quero fazer um questionário:

**1 - Você está cuidando bem do seu corpo? Sabe o que é viver bem?**
Como eu disse, até meus vinte e oito anos, eu não sabia o que era viver bem, e foi assim por mais um período. Até que chegou um momento e eu pensei: "Olha, agora que estou me alimentando bem, fazendo atividade física, tendo presença, me conectando ao mundo, usufruindo das coisas, me divertindo... Somente agora eu descobri e sei o que é viver bem.".

Então seja sincero e responda a essa pergunta com o máximo de honestidade. Você sabe o que é viver bem? Sabe o que é acordar bem-disposto? Sabe o que é ter tesão vital? Sabe o que é ter vontade de viver? Se você não experimentou ainda, vai lá, comece. Comece a corrigir, a ordenar essa dimensão, que você vai se surpreender.

**2 – Você está desfrutando das coisas do mundo e da vida que você tem?**

Não tem outro mundo e não tem outra vida aqui. Essa é a única que você tem. Ou você desfruta do jeito que é, das circunstâncias do jeito que são, ou, muito provavelmente, você nunca vai saber o que é ser feliz.

**3 – Você tem passado um tempo de qualidade com as pessoas que ama?**

Hoje em dia, é muito comum a atenção ser compartilhada. "Tô aqui conversando com meu marido no restaurante, mas tô rolando feed", "Meu filho quer brincar comigo, mas também quero ver as últimas notícias.". É muito comum termos a atenção compartilhada. Isso não traz felicidade. Somente quando você experimentar momentos com presença junto às pessoas que ama, é que você vai descobrir o que é se sentir bem.

**4 – Você costuma se perder em pensamentos, no "se" e no "quando"?**

Muitas pessoas chegam na clínica com um tom de reclamação. "Se eu tivesse feito aquela faculdade, eu estaria bem.", "Se eu tivesse me casado aos vinte anos com aquele rapaz, eu estaria bem.", "Se eu tivesse me mudado de estado, estaria bem.". O "se" não resolve nem um por cento dos seus problemas. E também tem o "quando". "Quando eu terminar minha graduação, vou ser feliz.", "Quando minha empresa gerar "x" lucro, vou ser feliz.", "Quando eu viajar o mundo inteiro, vou ser feliz.".

Se você se perde nesses tipos de pensamento, as chances de você ser feliz algum dia são quase nulas. Muitas pessoas se perdem em um espaço interno com falta de presença, ou seja, é como se a pessoa vivesse dentro de si. Ela não está no mundo conectado às pessoas e à realidade. Ela está fisicamente em um lugar, porém, mentalmente em outro.

A pessoa que vive dentro de si mesma se perde em um espaço interno em um tempo psicológico. Tempo psicológico se trata de quando um indivíduo se encontra apreensivo e preocupado pensando no futuro ou preso em lembranças do passado, pensando em algum erro, perda ou em outro momento da vida que estava mais em conformidade com o que ele gostaria que fosse sua vida atual.

Quem se perde no espaço interno em um tempo psicológico vive muito longe da própria realidade e morre com a sensação de não ter vivido. É isso que eu quero resolver nessa dimensão física. É esse pilar que temos que estruturar. É o que vai te libertar dessa baixa energia, dessa falta de vontade, e também te libertar dos pensamentos que não permitem que você viva sua realidade do jeito que ela é.

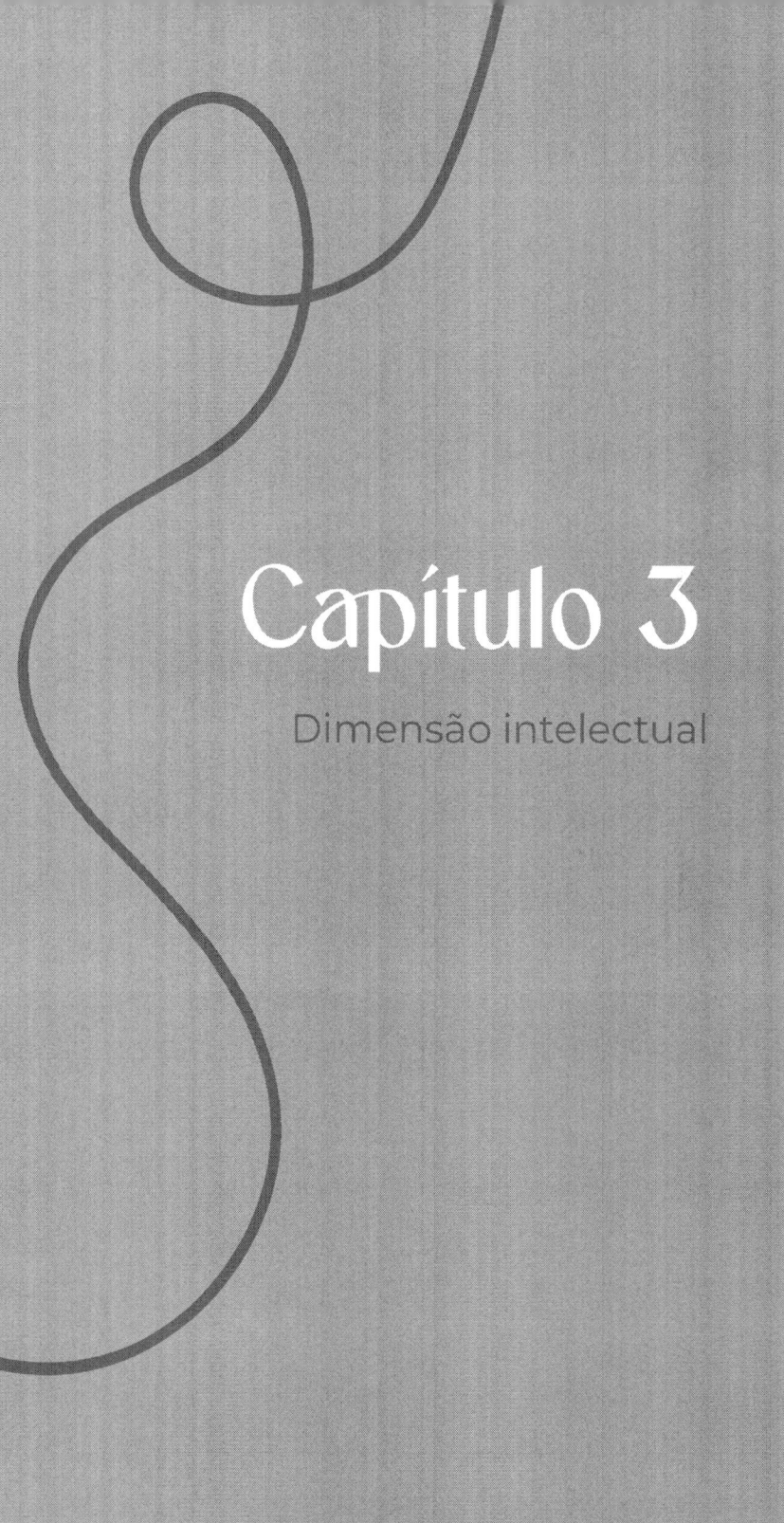

# Capítulo 3

Dimensão intelectual

# As crenças

Agora eu quero falar sobre a segunda dimensão humana: a dimensão intelectual. Voltando à nossa analogia, é como se fosse o segundo pé da nossa mesa. Aristóteles disse o seguinte: "Não há nada na nossa inteligência que não tenha passado pelos sentidos.". O primeiro tópico que quero trazer para você na dimensão intelectual são as crenças. Você já deve ter ouvido falar sobre "crença limitante", é um termo que se popularizou muito nos últimos tempos. As nossas crenças determinam o nosso território de ação, o território da possibilidade de agirmos ou não agirmos. Se acreditamos que a partir dali existe um abismo, nunca vamos ultrapassar tal limite.

Nossas crenças definem nossa possibilidade de ação. Só damos o próximo passo quando expandimos nosso território de ação, ou seja, nossas crenças. Uma experiência ruim, muitas vezes, nos condiciona a acreditar que não é possível ou não devemos fazer determinada coisa. A partir do momento que começamos a filtrar os conteúdos que consumimos e as pessoas com quem nos relacionamos, naturalmente começamos a reciclar nossas crenças.

O primeiro ponto que quero trazer é: filtre o conteúdo que você consome nas redes sociais e na internet como um todo. Não é possível ter um intelecto saudável, uma dimensão intelectual ordenada, consumindo somente conteúdos rasos, fracionados e efêmeros ou ficar assistindo TV aberta durante o dia inteiro. Se você não alimenta seu imaginário com algo bom, você não vai ter uma dimensão intelectual ordenada, ou seja, seu território de ação sempre será muito limitado.

Então alguém diz: "Por que alguns conseguem e outros não?". Porque alguns enxergam suas possibilidades e acreditam nas suas potências, portanto, agem, quem age, em algum lugar chega. Eu quero te ensinar a fazer isso, a você expandir suas crenças para acreditar que existe a possibilidade de ser alguém melhor, alguém superior, e assim ter mais possibilidades de ação.

Primeiro passo: filtre todo o conteúdo que você consome. Na internet, procure canais de desenvolvimento pessoal. Eu nem estou sugerindo aqui que você vá estudar livros profundos. Não é recomendável começar por coisas que você vai ter dificuldade de compreensão, porque é muito provável que desanime rápido. A aprendizagem não deve ser enfadonha. Estou dizendo para você começar a consumir conteúdos cada vez melhores. Estude qualquer coisa útil e interessante, como livros e vídeos sobre desenvolvimento pessoal, que sua consciência já vai começar a se expandir, mesmo que lentamente.

Também é preciso filtrar as pessoas com quem você se relaciona. Como vimos, não há nada na nossa inteligência que não tenha passado pelos nossos sentidos, principalmente dois deles: visão e audição. E quando nos relacionamos com uma pessoa muito negativa, o que acontece? Ouvimos muitas coisas que prejudicam o nosso clima interior e o nosso sistema de crenças. Nós temos que evitar isso se quisermos nos elevar e ordenar nossa dimensão intelectual. Vai nas suas redes sociais e faça um filtro, pare de seguir todos que não agregam coisas boas. Pare de seguir tudo que te diminui, gera inveja ou um complexo de inferioridade. Pare de consumir tudo que não te faz bem. De repente, se informe menos, desligue a TV e procure boas coisas para se guiar. É preciso buscar e obter conhecimento para mudar a própria realidade.

## As pessoas superiores

Vamos para o próximo tópico: buscar inspiração em pessoas superiores. Se não vemos na vida do outro que aquilo é possível, nós não acreditamos. E mesmo vendo na vida do outro ainda temos dificuldade para acreditar. "Aquela pessoa teve sorte", podemos dizer, mas quando começamos a acompanhar aquele alguém no dia a dia, vemos que não é bem assim. E saiba que existem, sim, pessoas superiores e pessoas inferiores. "Ah, é todo mundo igual", alguém

# É PRECISO
## BUSCAR E O
### CONHECIME
### PARA MUDA
### A PRÓPRIA

BTER

NTO

R

REALIDADE.

argumenta. Ok, vamos olhar para o resultado das pessoas. Um sujeito bem-sucedido que tem o corpo em dia e é um ótimo profissional, alguém que dá o seu melhor, que tem uma família e cuida dela, que tem seus bons hábitos e é completamente responsável, por exemplo. É óbvio que precisamos procurar pessoas superiores, como essa do exemplo, em quem nos inspirarmos.

Quando comecei meu processo de desenvolvimento pessoal, limpei a minha rede social. Fiquei só com os familiares de convívio e os amigos chegados. A maioria dos nossos familiares e conhecidos não postam muito, o que enche nosso feed são as personalidades e marcas que seguimos. Então elimine o que polui seu feed e não agrega em nada. As páginas de humor têm função, pois você dá risada, se diverte. As páginas informativas geralmente só geram preocupação e fofoca. Então, o que não te agrega e não te faz bem, elimine. Busque ter debaixo dos seus olhos pessoas superiores, que realmente têm um resultado que você quer para a sua vida.

No início do meu processo, foquei em meia dúzia de pessoas que me inspiravam, aquelas que tinham resultados, que eram boas ao trabalhar, servir, estudar. Foquei naqueles que todos os dias me puxavam um pouco para cima. Toda pessoa superior te eleva, porque ela te mostra que já esteve no mesmo momento que você está e que é possível ir além. Ela sabe que não é fácil, mas sabe que é bem possível. Todos que têm um nível de realização pessoal elevado, trilharam uma jornada que nos serve de modelo.

Busque seguir pessoas que te inspiram, que de fato passaram por esse caminho que você está percorrendo. E você verá que ela dirá: "Você consegue, faça mais um pouquinho, entregue mais, tenha perseverança, esperança, fé, ação, prioridade, presença.".

Procure pessoas que te darão palavras afirmativas, que vão te puxar para cima. Se inspire em livros, em biografias. Antigamente, para convivermos com alguém elevado, era mais difícil. Nós temos sorte de ter nascido em uma época em que podemos pesquisar alguém elevado. Hoje em dia, só não convivemos com pessoas elevadas se não quisermos. É responsabilidade sua procurar pessoas superiores para modelar. Aqueles com quem você convive já te ensinaram tudo que podiam, cada um à sua limitação. Então nem sempre os mais próximos vão poder te oferecer aquilo de que você precisa para dar o próximo passo, e é responsabilidade sua procurar pessoas superiores que tenham os resultados que você admira ou quer para a sua vida. É possível encontrar essas pessoas se inserindo em novos ambientes, ou através da internet e de livros, por exemplo.

# A expansão psicológica

Outro tópico sobre a dimensão intelectual é a formação e expansão da consciência psicológica. Fica muito difícil ter uma dimensão intelectual elevada e ordenada sem consumir arte, cultura e literatura clássicas. A cultura pop é muito pobre intelectualmente. Sua consciência psicológica é expandida à medida do consumo do que já foi feito de melhor ao longo dos séculos. Quem não se conecta com música boa, com livro bom, com boas artes no geral vai ter uma consciência psicológica muito reduzida e se tornará uma pessoa desinteressante, pois não terá repertório para usar na vida e durante as conversas, não conseguirá se comunicar bem. Inclusive, não terá nem vocabulário e não encontrará as palavras de que precisa. À medida que você ler, que ouvir pessoas sábias, você agregará valor à sua personalidade. Agregará muito à sua consciência psicológica. Sem isso, dificilmente você vai ter uma dimensão intelectual elevada. Precisamos desse contato com o conhecimento universal para expandirmos e formarmos nossa consciência e assim nos tornarmos pessoas mais sábias e interessantes.

# Instalação e projeção

O último tópico da dimensão intelectual trata sobre um dos conceitos de pessoa. Uma das inúmeras formas que se pode definir o ser humano. O que é pessoa? É instalação e projeção, ou seja, é o ponto A e o ponto B. Isso se insere na nossa dimensão intelectual, na qual devemos entender quem somos e as circunstâncias que nos encontramos, assim como nossas possibilidades e limitações. Tudo isso é parte do conceito de instalação.

Quando eu digo: "Sou uma mulher branca, nascida em 1988, casada, brasileira", tudo isso faz parte da minha instalação. Eu conheço meu ponto A: "tenho tais limitações e possibilidades". Declarando a verdade sobre mim, estou bem instalada. Reconheço quem eu sou hoje. Mas uma pessoa não é só isso, senão, nos reduziríamos à vida de um bichinho. Para os animais isso é tudo: viver um dia depois do outro sem perspectiva. O ser humano tem a capacidade de projetar.

Se não usamos nossa inteligência, nosso intelecto, nossa psique para projetar nosso futuro, reduzimos a nossa biografia à de um bichinho. Projeção é ter bem definido onde se pretende chegar. Ter um objetivo macro na vida; se você não tiver uma projeção, sua vida será um emaranhado de meros acasos e acontecimentos. Se você não tiver algo projetado para daqui dois, cinco, dez anos, seus atos não terão sentido. É a projeção que dá o senso de sentido à vida humana. Para você ter a percepção de estar indo na direção correta, precisa necessariamente de um destino. Eu levei dois anos para responder àquela pergunta: o que eu quero para a minha vida? Dois anos refletindo profundamente. "Taty, o que você quer para a sua vida?", eu me perguntava. E agora pergunto a você: dentre todas as possibilidades que você tem, o que de fato você quer?

Aqui temos que usar o nosso intelecto; não devemos usar nossos afetos ou qualquer outra coisa, senão nossa inteligência. O que eu quero da minha vida? Essa é uma pergunta que, em algum momento, você vai ter que responder, caso queira ter realização pessoal. Qual é a história que você quer contar com a sua vida? Seus dias fazem sentido? Essa é outra palavra que está na moda. "Preciso encontrar meu sentido." O que é sentido? É você saber o início, o meio e o fim. Qual é o sentido da sua vida? Você sabe qual é o início, o meio e o fim?

Se você me perguntar o que eu quero para o próximo ano, sei te responder o que quero para os próximos dois, para os próximos dez anos, até o meu último dia de vida, sei o que quero. Porque minha vida tem sentido, meus dias só têm sentido porque eu já mais ou menos escrevi minha biografia.

É óbvio que todos os dias temos que nos adaptar. Então esteja disposto a fazer, observar, se adaptar e por fim melhorar. Esse é meu mantra. Mas eu tenho claro o escopo de algumas coisas que eu quero para minha vida e o esboço de outras. A projeção dá sentido aos dias e guia às escolhas. Não sei o que você tinha na sua cabeça sobre sentido – tem muita gente que ainda não entendeu esse conceito. Ter uma vida com sentido é você saber qual é o seu destino. É projetar seu futuro e fazer com que o seu dia seja uma fração que se encaixa dentro daquele plano. É fazer parte de uma história maior.

Tem uma analogia de que eu gosto muito que é a do quebra-cabeça. É como se cada dia fosse uma peça de um quebra-cabeça. Só que, para montá-lo, temos que saber a imagem que ele formará. Se não soubermos, não conseguiremos montá-lo. A maioria das pessoas não sabe qual é a imagem do próprio quebra-cabeça; o que deseja realizar com a sua vida. À medida que você não sabe o que quer contar com a sua vida, o que acontece? Um dia, você pega uma peça e coloca ali. No outro dia, pega outra peça e coloca ali. Mais um dia, pega outra peça e coloca ali. Ao longo de cinco anos, você olha para aquelas peças e diz: "Eu não monto nenhuma imagem com isso. Não consigo dar liga, não consigo formar uma imagem.". Isso é abstrato. É o que acontece quando você faz seis meses de um curso e para, quando você namora durante três anos com uma pessoa que você sabe que não tem futuro nenhum. Só que você não sabe a história que você quer contar, então você larga seu emprego, muda de cidade, vai para outro lugar e assume outra função. Mas aí também não dá certo e você volta. E assim vai, porque você não sabe o sentido da sua vida. Você não sabe a história que quer contar. É extremamente importante você conhecer a imagem do seu quebra-cabeça para poder, dia após dia, pegar as peças certas, e assim, ao fim de um período perseguindo o destino que você determinou para si, encontrar sua realização pessoal. Somente depois que eu defini o que eu queria para minha vida, depois que usei minha inteligência com um pouco de autoconhecimento e consegui definir, esboçar meu futuro, só aí eu desenvolvi senso de sentido. Meus dias passaram a ter sentido pois fazem parte de um plano maior. Nunca mais eu dei ponto sem nó. Então, à medida que sei a imagem do meu quebra-cabeça (o que quero para minha vida), fica bem mais fácil pegar a peça certa para completar a imagem. Nos primeiros três anos de vida com sentido, eu construí mais coisas do que durante toda a minha vida até então. Tive muito mais resultados em uma vida com sentido durante três anos do que em uma vida sem sentido durante vinte e oito.

Essa é a importância de você usar sua dimensão intelectual, sua inteligência para saber quais são suas circunstâncias reais e suas possibilidades, e então, projetar seu futuro.

# Questionário

Vamos fazer um questionário sobre a dimensão intelectual para ver se algumas fichas caem.

**1 – Você tem consciência que não sabe quase nada e que acredita em coisas que não são verdadeiras?**
Eu estudo incessantemente e, à medida que estudo, mais ignorante me percebo. Tenha a humildade de reconhecer que você precisa aprender. Tem que ser uma disposição do seu espírito. O contrário de humildade é a soberba, que te aliena e te isola na sua ignorância. À medida que você acredita que sabe alguma coisa, você está com meio caminho andado para o fracasso. Entender e declarar que você não sabe quase nada é o primeiro ponto de luz no seu intelecto.

**2 – Você está buscando conhecimento para melhorar sua realidade?**
Entenda que você acredita em coisas que não são verdadeiras. Existe muita coisa

que você toma por verdade, mas não é. É preciso expandir sua consciência psicológica através da arte, da cultura, de pessoas superiores, de livros... Só assim você vai começar a identificar que certas coisas em que você acreditava não são verdadeiras. E, aos poucos, as suas crenças vão se ajustando. Tenha humildade para aprender e duvidar das suas certezas. Uma pessoa inteligente de fato é aquela que examina com honestidade as próprias convicções. Sempre tem aquele questionamento de fundo, será que isso é verdadeiro? Quem não busca conhecimento é culpado pela sua ignorância, porque isso é uma negligência. É nosso dever buscar instrução. Então, não venha com desculpas. "Mas eu não sabia." Não sabia por quê? Porque você negligenciou seu dever de buscar instrução.

Então está na hora de você começar a buscar conhecimento para melhorar sua realidade. "Qual realidade?" Sua realidade como pai, como mãe, como mulher, como profissional, nas finanças, nos negócios, na alimentação, na atividade física e etc. Amadurecer exige disposição para buscar conhecimento. Você vai ter que ser um pouco autodidata e proativo, vai ter que buscar esse conhecimento para se libertar e dar um upgrade na sua mentalidade. O contrário, eu já disse: é negligência. Não seja negligente, é seu dever buscar a verdade das coisas.

### 3 – O conteúdo que você consome te eleva ou te diminui?

Quero abrir parênteses para a pornografia, porque isso tem destruído o imaginário e a vida sexual de muitas pessoas, tanto como indivíduo quanto como parte de um casal. O hábito de consumir pornografia tem destruído muitos casamentos, muitos relacionamentos. Sempre se questione se o conteúdo que você está consumindo te eleva ou te diminui, te fortalece ou te enfraquece, te faz bem ou te faz mal. Aquele grupo de pessoas me eleva ou me diminui? Aquilo me puxa para cima ou para baixo? Aquilo, no final das contas, está me ajudando a mudar minha realidade para melhor ou está me empobrecendo como pessoa? Será que isso está me mantendo escravizado na mediocridade ou está colaborando para o meu autoaperfeiçoamento? O que consumimos e as pessoas com quem nos relacionamos têm o poder de gerar nossos pensamentos. E nossos pensamentos geram nossos sentimentos, que por sua vez geram, no fim das contas, o nosso comportamento. Então, por exemplo, a pessoa que consome pornografia recorrentemente está poluindo e deformando seu imaginário. Seus sentimentos e desejos se tornam desordenados e seu comportamento disfuncional. Qual será o resultado? Uma transa frustrada e completamente sem presença, porque a pessoa é sequestrada por pensamentos intrusivos, já que o sexo mostrado na pornografia em nada tem a ver com a realidade. É um sexo sem espontaneidade e sem alma, é amputado, e comumente animalesco.

Entenda, o conteúdo que você consome gera seus pensamentos, desejos, sentimentos e comportamentos; então, seja prudente, pois é isso que te leva à felicidade ou infelicidade. O consumo de conteúdos inadequados e exposição à imoralidades gera disfunção em várias dimensões humanas. Temos que filtrar ao máximo o que vemos e o que ouvimos, assim como as pessoas com quem nos relacionamos, para conseguirmos dar uma limpada no imaginário, gerar bons sentimentos e então um comportamento ordenado que nos leva à dignidade.

**4 – A quais pessoas você tem dado ouvidos?** Olhe os resultados. Não dê ouvidos para as pessoas que não têm o resultado que você quer ter. Quando venho aqui falar para vocês de vida ordenada, saiba que luto diariamente por isso e já tenho bons resultados. Quando falo, por exemplo, sobre relacionamentos, sobre casamento, eu tenho bastante autoridade. Sou casada há dezessete anos, enquanto escrevo este livro, me casei em 15/10/2005 e vivo um casamento saudável até o dia de hoje. Não esqueça de olhar para os resultados pessoais de quem está te aconselhando. Por exemplo, se você quer um relacionamento duradouro, irá se inspirar em uma pessoa que já se casou e se divorciou várias vezes? Existe a possibilidade de essa pessoa te ensinar o que você deseja nessa área? Não é um caminho seguro. Portanto, busque dar ouvidos àqueles que já tiverem alcançado os resultados que você quer para si, é simples assim.

## 5 – Você tem algo projetado para curto, médio e longo prazo?

Isso traz tesão vital, vontade de viver. Se não temos nada projetado, vivemos como um animalzinho, no automático, buscando sobreviver mais um dia. "Ah, se eu pudesse, eu só comia e dormia." Se esse é o seu pensamento recorrente, você não tem nada projetado, não tem nenhuma perspectiva de vida, então como vai ter tesão vital? É impossível acordar motivado sem ter nada projetado para curto, médio e longo prazo. Se você não fez isso até hoje na sua vida, eu te convido a pegar papel e caneta e projetar algumas metas e objetivos para cada dimensão humana sobre as quais estamos falando aqui. Escreva metas para as dimensões física e intelectual. Logo iremos falar sobre as outras dimensões, mas, por enquanto, faça isso.

## 6 – Qual história você deseja contar com a sua vida?

Use sua inteligência. Não é fácil responder a essa pergunta. Como eu falei, pessoas lentas costumam demorar meses, até anos, para fazê-lo. Uma das perguntas que me ajudaram muito a responder a esta questão é a seguinte: o que eu continuaria fazendo, mesmo se eu não precisasse de dinheiro? Medite sobre essa pergunta profundamente. Faça silêncio, pense. E quando você encontrar sua resposta, pode ter certeza que ela fará parte da história que você quer contar com a sua vida.

Outro exercício que eu gosto de fazer serve para a pessoa se centrar e conseguir entender o que de fato é importante na vida dela.

Lembra que a respiração nos conecta ao nosso corpo? Ela nos deixa mais presentes, então, lembre-se de respirar profundamente sempre que puder. Pois bem, agora respire fundo e faça uma reflexão: se você estivesse vivendo seu último dia de vida, quais pessoas você gostaria de ter ao seu lado?

Você vai ver que virão pouquíssimos indivíduos à sua mente. Essas pessoas são as mais importantes da sua vida. Elas têm que fazer parte da história que você deseja contar, da sua história como um todo. Então, diante dessas pessoas, no seu último dia, o que você sentiria orgulho de ter sido, de ter feito, de ter conquistado na vida? Quais são as conquistas que você gostaria de relatar ou de ser capaz de dizer com orgulho, ao olhar para aquelas pessoas, "Nossa, eu consegui!"?

Esses dois exercícios podem te orientar a responder qual história você deseja contar com a sua vida. Use seu intelecto. Não é fácil, mas é necessário.

# Capítulo 4

A dimensão afetiva

C hegamos à terceira dimensão humana. Buscando nossa analogia, esse seria o terceiro pé da nossa mesa. O terceiro pilar da nossa vida é a dimensão afetiva. Em um estudo, foi monitorada a vida de uma quantidade de pessoas que tinham mais ou menos as mesmas circunstâncias: estudavam na mesma escola, moravam no mesmo bairro, tinham mais ou menos o mesmo nível social e idade, frequentavam os mesmos lugares. Era todo mundo mais ou menos parecido. Para realizar o estudo, essas pessoas foram acompanhadas desde a infância até a morte de alguns. Foi uma pesquisa que durou mais de setenta anos para ser concluída.

A pergunta que os pesquisadores queriam responder era a seguinte: por que algumas pessoas são mais felizes do que outras? Eles chegaram à conclusão de que a qualidade dos nossos relacionamentos define o nível da nossa felicidade, ou seja, quanto melhor a qualidade do seu relacionamento, principalmente com as pessoas que você mais ama, mas também como um todo, maior o nível da sua felicidade. Este é um dado muito importante, porque às vezes tendemos a buscar felicidade em outros lugares. Porém, se você pensar nos momentos mais felizes da sua vida, vai perceber que eles têm algo em comum: tinha gente com você. Nunca somos muito felizes sozinhos, nós precisamos de pessoas, pois somos seres relacionais e insuficientes. Assim, a felicidade está intrinsecamente ligada à qualidade dos nossos relacionamentos, em especial com as pessoas que a gente ama.

## As pendências emocionais

Sobre a dimensão afetiva, quais são as coisas que quero tratar aqui com você? Para ordenarmos essa dimensão, comecemos pelo coração. A dimensão emocional, muitas vezes, carrega pendências, principalmente mágoas e rancores. Tem coisas que carregamos de forma completamente desnecessária. Por vezes, a pessoa que te magoou nem sabe que o fez, ou até já faleceu, e você está lá, remoendo o mal que ela te fez. Talvez ela tenha sido apenas desatenta e fez aquilo sem intenção, pode ser uma pessoa egoísta, portanto, sem tato afetivo, sem um pingo de empatia; nem sempre a pessoa mira na maldade.

A pessoa egoísta, causa inúmeras mágoas sem nem perceber, e você carrega isso por anos ou pela vida inteira. Muitas vezes, alguém chega na clínica e diz: "Taty, minha mãe me falou isso quando eu tinha quinze anos de idade, que eu era inútil e que eu tinha que fazer alguma coisa da minha vida. Isso me magoou profundamente.". Isso é uma pendência emocional. A mãe da pessoa estava lá cuidando dela, trabalhando, suportando o filho com amor e, num momento de fraqueza, de cabeça quente, movida por seus impulsos, falou sem medir as consequências. Desde então a pessoa não consegue perdoá-la. Isso prejudica principalmente a quem? Quem não esquece e carrega consigo o peso de uma memória afetiva ruim. Essas memórias são carregadas de energia, e leva tempo para suavizar, mas temos que buscar superar, pois gera um peso enorme em nossa psique.

Vamos diferenciar mágoa de rancor. Tem pessoa com uma inclinação natural à mágoa, aquilo que a machucou, ela guarda a sete chaves; em contrapartida, tem pessoa que é rancorosa e essa até alimenta certa vingança, o que tira a presença dela, virando uma obsessão. Nesse caso, a vida da pessoa se torna um meio para alcançar a finalidade que é a vingança. Ela passa a viver uma vida cheia de sintomas. Volto a dizer: muitas vezes, a pessoa geradora da mágoa não faz a menor ideia do que está acontecendo, porque a questão não foi intencional e nunca houve uma tentativa de esclarecimento. Isso é uma grande pendência emocional que precisa ser resolvida de alguma maneira o quanto antes.

Outra pendência emocional é a culpa. Por que a culpa está muito associada à mágoa ou ao rancor? Porque, à medida que não conseguimos aceitar os erros dos outros, não conseguimos aceitar também os nossos próprios erros. Se não temos a capacidade de olhar para o outro e entender a limitação dele naquele momento, também não conseguimos entender nossa própria limitação. Para mim, é muito fácil perdoar os outros e automaticamente aceitar meus próprios erros, porque todos os dias eu olho no espelho e digo: "Taty, você é uma prepotente, arrogante, você não sabe nada, tem maldade dentro do seu peito. Busque as virtudes para lidar com suas más inclinações.".

À medida que falo isso para mim, entendo que estou propícia a errar a qualquer momento. Se eu não me cuidar, vou errar feio. E assim é meu olhar sobre outro ser humano. Busco compreender as limitações da pessoa no momento em que ela errou comigo. Então quem carrega muita culpa ("Eu não me perdoo por ter feito tal coisa."), bom, muito disso é soberba. Aquele que julga e condena os outros, terá imensa dificuldade em aceitar seu próprio erro. A virtude do perdão e da humildade estão ligadas. A não ceitação do erro alheio, leva à autocondenação; o jeito como fazemos uma coisa, influencia no jeito como fazemos todas as coisas.

Quem tende a falar mal do outro, a criticar muito o outro, tende a, quando errar, ficar muito bravo consigo mesmo ou carregar um peso desnecessário. Geralmente, são pessoas com um clima interior um pouco mais pesado. É como se a gente andasse com o freio de mão puxado. Se esse é o seu caso, você está carregando um peso desnecessário. Então decida hoje resolver essas pendências. Se for em relação a alguma culpa, o que nos liberta dela é declarar nossos erros, reconhecer nossa maldade ou desatenção, compensar o que for possível e agir melhor hoje. Não temos a possibilidade de voltar e dar uma ajeitadinha no passado, o único caminho possível é fazer as pazes com o passado e focar na mudança de comportamentos; se comprometa com um melhoramento moral, uma mudança na sua conduta. O arrependimento tem que vir junto a uma ação: agir melhor hoje. Assim como o perdão, ele tem que vir com uma ação. Mas, como superar? Na prática, se a pessoa está viva e não oferece perigo ou resistência, é entrar em contato e combinar aquele cafezinho. Nem é preciso falar nada, porque, como eu disse, muitas vezes a pessoa nem sabe que você está de mal com ela há tempos, que você carrega mágoas, rancores em relação à determinadas atitudes dela.

Deixe esse peso de lado. Se possível, entre em contato com quem te magoou, faça um telefonema, mande uma mensagem de texto, deixe tudo no zero a zero. Não precisa nem falar sobre o ocorrido. É só dizer "Oi, tudo bem? Como estão as coisas? E a família? O trabalho? Vamos combinar alguma coisa uma hora dessas.". Pronto. Já vai haver uma abertura para o entendimento e novas experiências que possivelmente criarão novas memórias em relação ao outro. O perdão é uma ponte para o futuro, uma disposição habitual para o bem;

tem que vir junto a uma ação, e, enquanto necessário, uma afirmação diária do abrir mão da justiça para sobrepor essa memória afetiva ruim. Decida deixar isso no passado. O perdão exige a aceitação do que, à época, era a limitação da outra pessoa ou mesmo a sua.

## Insegurança, necessidade de aprovação e vitimismo

O segundo ponto da dimensão afetiva sobre o qual eu quero falar tem relação com as inseguranças, a necessidade de aprovação e o vitimismo. Tudo isso vem, primordialmente, da falta de percepção de amor incondicional, isso geralmente acontece quando a pessoa nunca se sentiu amada incondicionalmente. Em geral, são aquelas pessoas que na infância foram rejeitadas, receberam pouca atenção, que tiveram um amor baixo ou negligente dos pais. Nesses casos, é comum o responsável pela criança ter condicionado o amor que dava a ela: "Olha, se você for bonzinho, eu te aprovo.", "Se você comer tudo, vai ganhar afeto.", "Se você passar de ano, me orgulharei de você.", "Se você se comportar mal, vai ser uma vergonha para mim.".

Quando alguém condiciona o amor ao filho, naturalmente ele vai para a vida adulta se sentindo uma vítima, com inseguranças, com a necessidade e a busca de aprovação. Essas pessoas fazem de tudo para se sentirem amadas, mas de uma forma completamente nociva. Existe um buraco afetivo nelas que deveria ter sido preenchido ou completado pelo amor benévolo dos pais, mas os pais, devido às suas limitações, não conseguiram cumprir seu dever com excelência e acabaram dando um amor condicionado. Então essa criança chega na adolescência e os pais continuam condicionando o amor: "Se você for gay, esqueça que tem pai e mãe.", "Se você não fizer uma faculdade e não for alguém na vida, vai ser uma decepção.". Eu sei que a intenção dos pais,

Quando alguém condiciona o amor ao filho, naturalmente ele vai para a vida adulta se sentindo uma vítima, com inseguranças, com a necessidade e a busca de aprovação.

na maioria das vezes, é boa, então não devemos transferir essa responsabilidade a eles. Entenda, o inseguro, não é culpado da sua insegurança, por essa busca contínua da aprovação alheia ou pelo seu viés de vitimismo; tudo isso, veio dele não ter recebido um amor benévolo de ninguém até então. Porém, compreenda que, mesmo que a culpa dos nossos traumas não seja nossa, a responsabilidade de resolver essas questões, agora, na vida adulta, é toda nossa. Caso você se encaixe aqui, caso se identifique com aquela pessoa extremamente insegura, que faz de tudo para receber um elogio e que, quando recebe uma crítica, perde o chão, resolver essas questões é sua responsabilidade.

Para a pessoa que busca de todo coração a aprovação do amigo, do chefe, do parceiro, da parceira, da mãe, do pai... Isso realmente faz muita diferença na vida dela, porque conduz toda a sua motivação; esse é o motivo pelo qual ela faz ou não faz todas as coisas. Essa pessoa em geral só vai resolver isso de duas maneiras. Se ela encontrar um ser iluminado que saberá amá-la de forma benevolente e sem condicionar nada ("Olha, eu te aceito do jeito que você é, com seus defeitos, suas qualidades e todas as suas características. Amo esse jeitinho bagunçado aí."), então vai conseguir agir no mundo com um pouco mais de força e identidade, vai saindo aos poucos desse lugar de insegurança. Caso contrário, pode conseguir resolver essas questões psicoemocionais em um setting terapêutico, que é algo que está no seu domínio; buscar ajuda profissional. Qual é o papel de um bom terapeuta? Oferecer suporte afetivo-emocional e estabilidade para a pessoa agir no mundo. Quando oferecemos suporte, o sujeito age no mundo, começa a ter resultados concretos e a se libertar deste lugar de vitimismo, drama, necessidade de aprovação, insegurança e dependência emocional.

# Complexo de inferioridade

Terceiro ponto: complexo de inferioridade. Isso está estritamente relacionado à autorreferência. A pessoa, por exemplo, quando entra em um restaurante, já imagina que todo mundo está olhando para a unha do pé dela que não está bem feita naquele dia, para o furinho da blusa dela ou para o seu jeito de caminhar. Olha o nível da autorreferência dessa pessoa. É como se ela fosse o centro do universo. Como se todos estivessem colocando sua atenção nela. Mas, isso é apenas um delírio psicológico, a verdade é que, majoritariamente, ninguém está nem aí para ninguém. Está todo mundo falando da própria vida, pensando nos próprios problemas, mas para a pessoa, em sua cabeça, ela está sendo julgada por todo mundo o tempo inteiro. Você se identifica?

Muitas pessoas estão nesse nível de maturidade da autorreferência sempre achando que todo mundo está julgando, percebendo suas falhas. É aí que o complexo de inferioridade acontece, e isso é resolvido quando tiramos o olho do nosso umbigo e o trazemos para o nosso braço. Em algum momento, você precisará ter resultados concretos na sua vida se quiser sair desse complexo. Porque às vezes não é complexo, é inferioridade mesmo. À medida que você não tem resultados pessoais e não oferece isso aos outros, você se torna aquela pessoa egocêntrica e autorreferente. Você acha que todo mundo te deve tudo. "Meu marido não cuida de mim.", "Minha mãe não faz nada por mim.".

Você é uma pessoa autorreferente e egoísta. Por isso que existe um complexo de inferioridade instalado em sua vida, porque você ainda não tem resultados concretos, habilidades, atitudes e competências, e você não oferece isso de bom grado aos outros. Então, foque nos resultados. Pergunte a si mesmo: qual é minha situação real hoje? Como eu estou cuidando do meu corpo? Quanto dinheiro eu consigo fazer? Quais são as minhas habilidades? Quais as minhas formações? Quais as minhas competências? No que de fato eu sou bom? São perguntas que você tem que se fazer. Saia do mundo do abstracionismo. Enquanto não tiver boas atitudes, algumas competências, um conhecimento minimamente robusto e não oferecer isso aos outros, tudo que restará será o complexo de inferioridade. Então busque ter resultados concretos e testar sua força e utilidade no mundo, isso vai resolver esse seu conflito.

## Os medos

Agora, vou falar sobre os medos, porque a dimensão afetiva está muito relacionada aos nossos medos. A primeira fonte de medo que quero abordar é o medo advindo de uma fraqueza biológica, orgânica. Esse é resolvido lá na dimensão física. Às vezes, sentimos medo porque estamos fracos fisicamente: nos sentimos impotentes diante da nossa rotina, nosso corpo está fraco, nossos hormônios e vitaminas não estão adequados e sentimos um desânimo, uma fadiga paralisante que nos faz procrastinar quase tudo, e às vezes, isso advém de uma debilidade fisiológica que gera sintomas psicológicos.

Também existe o medo mental, que geralmente é a fixação em um trauma. Já ouviu a história sobre alguém que, na adolescência, levou um fora da pessoa com quem namorou? Ou então foi traído? E, por causa desse evento, instalou uma lente na frente do próprio olho e agora não consegue enxergar outros relacionamentos sem passar por aquele evento ruim. Essa fixação em um ponto que recorta aquele acontecimento e reduz todas as possibilidades a um único pensamento: "eu vou ser traído novamente.". Essa pessoa pegou aquele acontecimento isolado e o transformou no único ponto possível da realidade dela. Então, em sua cabeça, não existe a possibilidade de ela ter um relacionamento saudável. Todo relacionamento que ela tiver vai acabar naquele mesmo desfecho. Isso é um medo mental. A pessoa não consegue seguir em frente porque acredita que aquilo vai acontecer de novo, de novo e de novo.

A partir disso, é possível entender todas as fobias, por exemplo: a pessoa que tem medo de elevador reduz todas as possibilidades a um único pensamento, o de que este elevador vai parar de funcionar. Ela não consegue perceber que existe 99,99% de chance de ela entrar no elevador e sair de lá normalmente. O mesmo acontece com os medos irracionais de bicho, de tempestade, de escuro, de dirigir. Em geral, descobre-se na terapia qual foi o evento que ocasionou tal memória afetiva ruim e que gerou esses medos irracionais. Porém, esses medos, não são infundados, eles têm um fundamento num evento do passado, o que é possível notar quando a pessoa conta toda a sua história em torno de um evento ruim. É um viés narrativo que precisa ser ajustado. Como resolvemos os medos mentais? Abrindo mão desse recorte mal feito e buscando a verdade das coisas, buscando enxergar e se adequar à realidade.

Use seu intelecto para perguntar a si mesmo honestamente: qual é a chance real deste elevador parar? Qual é a chance dessa aranha me picar? Qual é a chance de eu dirigir e sofrer um acidente? Tem que haver uma adequação à realidade, só esse exercício já suaviza o medo, e para fazer esse cálculo com alguma eficiência devemos usar a nossa inteligência e a nossa razão. Olha, as chances são quase nulas. Então, o segundo passo para lidar com os medos irracionais que nos paralisam é fazer uma dessensibilização: expor-se de forma prudente ao objeto de medo, àquilo de que se sente medo. É necessário enfrentar esses temores devagar, expondo-se gradativamente depois de ter feito um raciocínio lógico e ter usado sua vontade para criar coragem e dar passos em direção a eles. Neste ponto, você deve começar a agir apesar do medo. Lembre-se que coragem não é a ausência de medo, é agir apesar dele; com inteligência e vontade é possível superá-lo.

Também existe o medo da alma. Geralmente está associado à falta de intimidade mais profunda. É uma sensação de não pertencimento, a pessoa meio que se sente um extraterrestre. Ela está em algum lugar e fica pensando assim: "Eu sou diferente de todo mundo, não consigo me conectar com ninguém.". Quando uma pessoa vai para o seu quarto, por exemplo, e ali, naquele momento de solidão, começa a chorar sem motivo aparente para tal, esse é o medo da alma. É quando sentimos uma profunda tristeza existencial. Uma das causas é a falta de intimidade com algumas pessoas, de nos abrirmos com alguém. Em geral, faltam relações e laços profundos, pois somos seres relacionais; não há possibilidade de sermos seguros e felizes, sem termos uma intimidade de alma com alguém. Temos que buscar um relacionamento profundo com pelo menos uma pessoa em quem possamos derramar nosso coração, com quem podemos nos abrir sem restrições. Para tanto, podemos eleger algum familiar, amigo, líder espiritual ou terapeuta. E é por isso que precisamos de pessoas ao nosso redor: para nos

LEMBRE-SE

CORAGEM

A AUSÊNCI

É AGIR APE

QUE
NÃO É
A DE MEDO,
SAR DELE

conectarmos, acolher e ser acolhidos em nossos dilemas internos. Uma das formas de aplacar a própria solidão é aliviar a solidão alheia. Precisamos ser alívio e acolhimento para o outro, e assim buscar estabelecer relações mais profundas e íntimas.

A relação mais íntima e profunda costuma acontecer entre o casal, o amor romântico. Em primeiro lugar pelo convívio e, em segundo, pela intimidade de corpo estabelecida. Neste ponto, é necessário trazermos uma questão importante: a desordem sexual. Muitas vezes, quem é casado, ou que tem um relacionamento sério e duradouro, não tem uma vida sexual satisfatória; e, quem é solteiro, às vezes, acaba indo para o sexo casual, sem compromisso, por puro utilitarismo. Esses são dois exemplos de uma vida sexual amputada, desordenada, sem plenitude. E isso costuma gerar algumas neuroses, um desconforto interno. Se você vive um casamento, tem que buscar ter uma vida sexual satisfatória. Não há possibilidade de você ser plenamente feliz, sem essa intimidade de corpo e alma com seu cônjuge, porque a energia sexual é a segunda maior nos seres humanos, não podemos desperdiçá-la de forma alguma. A energia sexual é parte da energia vital. Se não sabemos aproveitá-la, não vivemos tão bem quanto poderíamos. Portanto, se você não tem uma vida sexual satisfatória no seu casamento, você tem uma sexualidade desordenada, de forma que não cumpre sua finalidade. A vida sexual da pessoa e do casal tem um papel muito importante tanto na relação quanto na alma do indivíduo. É a intimidade mais profunda entre dois seres humanos. O sexo pleno é aquele com intimidade de corpor e de alma – com presença, prazer e amor – é isso que nos satisfaz de forma mais ampla. Se você, por exemplo, tem medo do abandono e da solidão, muito provavelmente esse sentimento será aplacado conforme você encontrar uma pessoa compatível para se entregar de corpo e alma para sempre, numa profunda intimidade, esses medos vão se desfazendo. Agora, sexo sem compromisso, sem intimidade de alma, como vimos, gera neurose e consequentemente medos. "Será que a pessoa gostou? Será que não gostou? Será que vai me ligar? Será que ela só quer o meu corpo? Quer apenas me usar? Eu não amo essa pessoa, não deveria ter me envolvido precocemente..." Esse tipo de pensamento costuma gerar neuroses; mentiras e hipóteses que criamos, remoemos e, portanto, sofremos. O ideal é entregarmos nosso corpo à medida que entregamos nossa alma. Se não temos intimidade de alma, e entregamos nosso corpo, naturalmente vai acontecer de nos perdermos em pensamentos, obsessões, de sentirmos o medo de não sermos amados, quistos ou correspondidos.

Pessoas imaturas não têm em si a capacidade de amar verdadeiramente, com efeito, são egoístas; não se importam muito com a consequência dos seus atos na vida do outro. Usam o outro para se satisfazer, para se realizar, e estabelecem uma relação utilitária. Os imaturos se relacionam visando seus próprios interesses. O relacionamento saudável só se dá quando o casal tem uma certa intimidade de alma e um amor minimamente maduro e desinteressado. Eu me casei aos dezessete anos e nunca tive minha alma fragmentada. Tem gente que fragmenta sua alma a cada sexo sem compromisso, cada relacionamento utilitarista; não se satisfaça com alegria e prazer momentâneo; busque a plenitude das relações amorosas, a felicidade perene; isso só é possível no ambiente de um casamento saudável; na entrega exclusiva, mútua e total entre o casal.

# Questionário

Agora que já vimos alguns pontos da dimensão afetiva, quero apresentar para você o questionário sobre ela, a fim de encerrarmos o terceiro pilar, a terceira dimensão humana. Faça essas perguntas a si mesmo e responda honestamente.

**1 – Quanto pesa carregar mágoas, culpas e relações sem futuro?**
Não há outro jeito, para nos tornarmos pessoas mais leves, precisamos abrir mão dos fardos que carregamos por falta de perdão. Não alimente as lembranças ruins nem o desejo de vingança, eu sei que foi injusto, mas a busca pela justiça não vale o sofrimento que isso gera em nosso peito. O perdão sobrepõe a justiça e alivia o peso que carregamos em nossa alma.

Sobre as pendências relacionais, se você é casado, se comprometa totalmente com essa relação. Tome uma decisão a nível intelectual e extinga os planos B, C, D; é assim que o plano A vai dar certo. Tire a mala da porta. Se comprometa em dar a manutenção necessária à relação, se arrependendo, corrigindo e perdoando quantas vezes for preciso. Um casamento exige restauração contínua. O casal deve buscar resolver seus problemas juntos. É assim que haverá estabilidade efetiva. Um não largará a mão do outro, irão resolver o que for necessário juntos.

E se você está solteiro, poupe sua alma. Não saia fragmentando-a, doando sem critério intelectual aquilo que você tem de mais íntimo, que é o seu corpo, para alguém que pode o usar feito um copo descartável. Assim você evita muitos medos e neuroses, não ficará perdido em pensamentos, se questionando, arrependido ou inseguro.

**2 – Você tem consciência de que perdoar o outro é a única ponte para a aceitação das próprias falhas e para a possibilidade de ser uma pessoa leve?**

Muitas vezes, uma pessoa chega em mim dizendo assim: "Ai, Taty, não consigo perdoá-lo por causa de uma traição que ele cometeu, não consigo de jeito nenhum, porque ele fez isso comigo.". Então continuamos com a terapia e em determinado momento a pessoa fala: "Taty, eu fiz um aborto quando eu tinha dezessete anos e ninguém sabe disso até hoje, eu sinto muita culpa.". Ligue uma coisa na outra: se você não consegue aceitar o erro do outro, como vai conseguir superar o seu? O jeito que lidamos com os erros dos outros é o mesmo jeito que lidamos com os nossos erros. Então, busque desenvolver em si a virtude do perdão, compreenda a limitação moral do outro, que assim, ficará mais fácil compreender a sua e vice-versa. Aceitar ou não os fatos, não muda o acontecido, mas muda a sua realidade psíquica.

### 3 – Você tem resultados reais e está oferecendo isso aos outros?

Isso te liberta da baixa autoestima e do complexo de inferioridade. Você pode estar pensando: "Eu não tenho nada, Taty. Terminei o Ensino Médio, mas não tenho um emprego. Eu sou sustentado pelos meus pais, não sei o que quero da minha vida." Como você não vai ter um complexo de inferioridade se você não tem nenhum resultado concreto? Se você está começando a vida, deve focar em duas coisas: formação e aquisição. formação intelectual, pois tudo que você não é, não faz e não tem, está atrás do que você não sabe. E aquisição de habilidades e coisas materiais para se tornar uma pessoa independente. Só olhar para o seu umbiguinho e reclamar, não ajuda em nada. Lembre-se de que existe aqui um mundo concreto real a que devemos estar atentos, devemos buscar desenvolver competências, melhorar nossas atitudes e oferecer isso para os outros. Assim nos libertamos da baixa autoestima e do complexo de inferioridade.

**4 – Diante dos seus medos, você usa sua inteligência e vontade para agir e superar ou paralisa e se entristece?**
Caso você tenha esse tipo de medo irracional, como, por exemplo, toda a categoria

fóbica, a consequência de alguns traumas, os transtornos obsessivos, entre outros, você deve começar a duvidar das suas certezas diante do medo usando sua razão para enquadrar seu medo à realidade e usando seu intelecto e sua vontade para superá-lo. Se você conceber que esse medo é fruto de um acontecimento lá da sua infância, adolescência ou juventude, não fixe sua atenção naquele evento, porque aquilo ficou lá atrás e agora existe um universo de novas possibilidades que você está ignorando completamente por conta daquela experiência ruim, ou de uma memória afetiva ruim. Você está reduzindo toda a realidade a uma única possibilidade, por isso você deve usar sua razão, inteligência e vontade para deixar esse acontecimento onde ele deve ficar, lá no passado. Se questione: quais são as chances de isso acontecer novamente? Na maioria das vezes, você vai perceber que é um medo irracional. Então, tenha coragem para dar pequenos passos em direção a enfrentá-lo e superá-lo.

**5 – Você tem aberto seu coração para alguém ou mantém seus sentimentos e conflitos internos guardados a sete chaves?**

Precisamos dar abertura às pessoas certas. Pode ser um líder espiritual, um terapeuta, um amigo ou o cônjuge; geralmente são essas as pessoas. Somos seres insuficientes, nós nos completamos em Deus e nos outros. Então temos que ter essa disposição e humildade de criar uma intimidade e ter um diálogo aberto com alguém. Senão, é possível que você mantenha ou desenvolva medos profundos, caso não tenha uma intimidade de alma com, pelo menos, uma pessoa. A intimidade apenas de corpo, não é o suficiente, a plenitude está em ter os dois: intimidade de corpo e alma.

# Capítulo 5

A dimensão espiritual

Chegamos à última dimensão que quero abordar neste livro, a espiritual. Em nossa analogia inicial, esse é o quarto pé da nossa mesa, o quarto pilar estrutural da nossa vida. "O ser humano está amarrado entre a matéria e o mistério.", essa frase diz muito sobre o pilar espiritual. Tem pessoas que chegam para mim e dizem: "Taty, eu não tenho religião. Não acredito em nada.". Tudo bem, não é por isso que deixaremos de dar tratamento ao seu espírito. Fato é que existe um mistério que a teologia e a filosofia buscam explicar. Então, a fim de facilitar a comunicação e o entendimento, vamos colocar um nome nesse mistério: Deus. E o ser humano compõe parte desse mistério. Deus está além da compreensão humana.

Não contemplar essa dimensão é um erro gravíssimo, porque a maior força e fonte de energia vital que temos advém da nossa dimensão espiritual. Antes, eu disse que a segunda maior fonte de energia é a vida sexual bem ordenada, pois bem, a primeira e soberana é a vida espiritual. O que mais nos mantém em pé diante das dificuldades é o pilar espiritual. Sem dar algum tipo de tratamento a essa dimensão, nós somos seres fracos, vulneráveis, inseguros, tristes, porque esta é a maior fonte de energia vital, de fé e de esperança.

Existem disciplinas espirituais universais. A primeira delas é o silêncio. Em todas as religiões, os mestres exercitavam o exílio e o silêncio e orientavam seus seguidores à prática. Uma vez, Madre Teresa foi questionada: "A senhora ora por muito tempo, o que a senhora fala para Deus?". E dizem que ela respondeu: "Eu não falo nada, só escuto.". Em seguida, perguntaram: "Está bem, mas então o que Deus fala para a senhora?". E ela disse: "Deus não fala nada, Ele só ouve.". Então, qual era a oração da Madre Teresa? Era o silêncio, era uma conexão silenciosa com o mistério, essa conexão não precisa, necessariamente, de verbalização. Fato é que as práticas religiosas tradicionais nos orientam a uma vida espiritual cotidiana sem tanta afetação, sem espaço para as nossas neuroses e fantasias; e praticá-las dia após dia nos ajuda a desenvolver perseverança para prosseguir, mesmo diante de circunstâncias adversas. Então, se você tem uma religião, pratique-a; não seja um não praticante, pois assim você terá menos fé e seu pilar espiritual começará a diminuir. Caso não tenha religião, busque essa comunhão com o mistério através da prática do silêncio e da contemplação da natureza, que veremos a seguir; tenha o hábito de ler algo que desenvolva em ti virtudes como o amor e a caridade. Enfim, faça e perceba o quanto isso vai te tornar uma pessoa mais forte. É como eu digo: sem silêncio, não há clareza, tudo é uma grande confusão. Sugiro fortemente que você pegue o hábito de desligar os aparelhos eletrônicos, evitar ao máximo os barulhos ao seu redor, deixar o celular de lado um pouquinho, e em algum momento do dia, de preferência pela manhã, fazer alguns minutinhos de silêncio, oração e leitura.

Aqui entramos em um segundo exercício universal para dar tratamento à dimensão espiritual: a contemplação amorosa. Os contemplativos são os íntimos de

Deus. Quando olhamos para a natureza, para o céu, por exemplo, e conseguimos perceber que aquilo nos é dado e que não conseguimos modificar ou completar tal coisa, entendemos o nosso tamanho diante do universo e que aquilo foi feito para nós e não por nós. Que fazemos parte de algo maior. Quando nascemos, aquilo já estava ali, e quando morrermos, vai continuar ali. Contemplando amorosamente, nos sentimos pertencentes, somos inevitavelmente invadidos por uma certa calma, uma certa estabilidade que nos consola e nos revela a possibilidade de paz mesmo em meio ao caos das circunstâncias. Isso é o fruto da disciplina espiritual, é a capacidade de se tornar a pessoa mais forte, mais constante, mais calma, mais amável, mais estável que se pode ser. "Ah, entendi! Você está me dizendo que contemplar a natureza vai me deixar assim?" Sim, é exatamente isso que estou falando. Se você nunca experimentou, é natural não acreditar. É muito difícil acreditarmos naquilo que não experimentamos com os nossos sentidos.

Contemplando
amorosamente,
nos sentimos pertencentes,
somos inevitavelmente
invadidos por uma
certa calma, uma certa
estabilidade que nos
consola e nos revela
a possibilidade de paz
mesmo em meio ao caos
das circunstâncias.

Nossa inteligência tem dificuldade de conceber. Então experimente, faça uns minutinhos de silêncio contemplando a natureza, buscando absorver a estabilidade dos entes. Não há nada mais estável no universo do que os astros, eles estavam, estão e estarão lá. Com o treino na contemplação você é invadido por essa estabilidade e segurança. Corrija seu olhar, saia dessa confusão interna, dessa bagunça, faça um detox de barulho, de pensamentos nocivos e de cálculos internos, dê um tempo para a sua mente descansar. Procure ficar em silêncio. Faça tudo que puder em silêncio. Experimente isso durante uma semana e depois perceba quais foram os resultados em seu clima interior.

A última disciplina espiritual universal que quero trazer, é a mortificação. "O que é isso, Taty?", você pode estar se perguntando. A mortificação é uma técnica filosófica para o desenvolvimento do autodomínio e da gratidão. Segundo relatos, alguns reis estóicos dormiam no chão, algumas vezes, longe do conforto de sua cama, para assim terem consciência e sentirem a sensação de que o que eles tinham era bom. Eles se expunham em um desconforto proposital para conceber que sua realidade era muito boa. A mortificação existe para nos fortalecer. Quais são os exercícios mais comuns? Um deles é o jejum. A privação de algo. Se você nunca experimentou, faça um jejum de qualquer coisa e perceba o quanto consegue ou não suportar uma privação ou um desconforto. O jejum de celular tem sido um dos maiores desafios na atualidade. A mortificação é um desconforto proposital, é você se colocar naquela situação de propósito para se tornar alguém mais forte, pois tal atitude irá expandir o seu autocontrole. A nossa vontade se torna mais forte, robusta e educada à medida que a contrariamos e suportamos.

Segundo exercício de mortificação comum: tomar banho frio nas localidades onde isso é um desconforto. Se você resistir a água fria caindo na sua cabeça, vai ser mais fácil para você suportar, por exemplo, ficar em silêncio, na hora da raiva, quando uma pessoa estiver falando besteira nos seus ouvidos. Será mais fácil para você ficar em silêncio no momento de uma discussão, de um conflito desnecessário, será mais fácil controlar todos os seus impulsos. É uma prática importante porque somos afetados o dia inteiro, o tempo todo somos atingidos pela contingência.

Se não somos fortes o suficiente, desmoronamos a todo instante. E como nos tornamos mais fortes? Através da prática de desconfortos propositais. Quer outro exemplo? Cortar o açúcar da dieta. Isso nos faz lembrar que amamos coisas que nos fazem mal. Nem tudo que desejamos nos faz bem, pelo contrário, temos que ter a capacidade de dizer não ao que nos faz mal e sim ao que nos faz bem. Temos que ter autocontrole para não nos entregarmos aos prazeres imediatos e depois cairmos naquele lugar de arrependimento e tristeza. Todo dia deveria começar com uma mortificação para lembrarmos: "Eu tenho que fazer o que devo e não o que desejo. A vida não é tão difícil assim, eu que sou fraco.".

Outro exercício de mortificação é a musculação. Eu sempre recomendo a musculação como ferramenta de amadurecimento da personalidade, justamente porque não é gostoso. A musculação bem feita incide em desconforto físico. Você pode, por exemplo, gostar de fazer Pilates, treino funcional ou zumba, que são mais tranquilos; mas, musculação não é nada fácil. Dói tudo. Toda vez que eu entro na academia, falo para mim mesma: "Taty, você está aqui para se superar, para se tornar uma pessoa mais forte. Faça até falhar, se supere!". E a partir disso, usando o exercício físico como mortificação, na minha vida profissional eu consigo fazer mais um atendimento, consigo estudar uma hora a mais, ler uma página a mais, ficar em silêncio quando necessário, ter autocontrole para conter meus impulsos quando preciso. Sugiro que você coloque essas três disciplinas espirituais universais na sua vida para você experimentar, de fato, a sua maior força: o silêncio, a contemplação e a mortificação.

# Virtudes teologais

Agora vamos abordar um pouquinho as virtudes teologais e seus frutos. Porque você pode estar se perguntando: "Mas para que essas coisas de silêncio, contemplação, praticar religião, mortificação? Desnecessário.". Pois bem, eu te digo o que você vai ganhar se tiver uma prática religiosa: amor, fé, esperança e caridade. O que é uma pessoa sem esperança? É aquela que não vê mais sentido na vida. A pessoa chega nesse nível de querer desistir da própria existência devido a uma desesperança total. É a ausência de esperança que nos faz pensar em desistir da vida. À medida que você implementa na sua rotina as disciplinas espirituais, você ganha em fé, em amor, em esperança e em caridade.

Tem coisa que traga mais satisfação à alma da gente do que ajudar outra pessoa e vê-la feliz por nossa causa? Tenho certeza que você já passou por isso. Sabe quando você despretensiosamente ajuda uma velhinha a atravessar a rua ou subir a calçada? Você sai do supermercado e uma pessoa te pede algo para comer, você providencia alguma coisa e então ela come com vontade aquilo na sua frente e te agradece. Nesse momento você se sente feliz por ter feito um bem. Isso é a caridade, é fazer algo por alguém sem esperar nada em troca. A caridade, o amor, a fé e a esperança são virtudes e elas nos trazem felicidade. Se você não faz nada por ninguém, você é naturalmente uma pessoa infeliz. Não tem nada que preencha mais o nosso peito do que nos sentirmos úteis e bons.

"Vou fazer um ato de generosidade por essa pessoa que eu amo para vê-la feliz." É uma expansão de coração. Estamos aqui para amar, essa é a finalidade última do ser humano, e a caridade nos faz ter esse contato com a experiência do amor sem interesse, sem esperar nada em troca. Pense na conexão de bons pais com um filho recém-nascido, eles transbordam em felicidade por um serzinho

NÃO TEM N
QUE PREEN
O NOSSO P
QUE NOS S
ÚTEIS E BO

ADA
CHA MAIS
EITO DO
ENTIRMOS
NS.

que nada tem a oferecer que depende completamente da caridade dos pais. E é justamente isso – o exercício da caridade e do amor incondicional – que preenche o coração dos pais.

Entenda que, se você é alguém que desmerece a fé, o amor, a esperança e a caridade, você é uma pessoa muito imatura. Você não entendeu ainda que fomos criados para cuidar uns dos outros, para assim experimentarmos relações saudáveis e recíprocas. Você e as pessoas ao seu redor vão se desenvolver se tiverem um pouquinho de fé, de amor, de esperança, de caridade e, depois, de prudência, justiça, fortaleza e temperança, que são as virtudes cardeais. Tudo isso está no pilar espiritual e moral. Buscamos o que é superior para alcançarmos níveis mais altos de plenitude e felicidade. Em geral, o que as pessoas amam? Dinheiro e prazer, por exemplo. São coisas muito baixas. Comece a amar coisas mais elevadas, para assim se tornar um pouquinho superior; aquilo que tememos e amamos diz muito sobre nós, devemos amar e buscar uma vida digna; buscar o bem, a beleza e a verdade universal. Comece a pensar: "Eu gosto de ter autocontrole. Gosto de escolher bem. Gosto da justiça. Eu não sou mais aquela pessoa inútil que vive pelo viés do menor esforço possível, buscando o prazer e fugindo da dor.". Ao sairmos um pouquinho dessa dimensão mais baixa, da matéria, transcendemos e passamos a tocar no mundo dos conceitos, nas realidades mais elevadas. Então o nível da nossa realização pessoal transcende também.

Quando damos atenção à dimensão espiritual e conquistamos algumas virtudes, nos tornamos mais realizados pois chegamos mais próximo à dignidade humana. Se você não olhou para nada disso ainda, saiba que, independentemente da sua idade, sua personalidade é muito imatura. Está na hora de começar a fazer uma abertura para as realidades transcendentes e buscar as coisas superiores, aquilo que há de mais elevado e mais importante na existência humana.

# Transcendência

Agora quero abordar um pouquinho sobre o conceito de transcendência. Atos, palavras e pensamentos ficam gravados na eternidade, assim como cada dia e tudo que nele contém. Saiba que você está se enganando se pensa assim: "Olha, eu cometi uma maldade, sorte que ninguém viu.". Porém, lembre-se que, mesmo que um dia a humanidade deixe de existir, o passado não deixará; cada pôr do sol, assim como os nossos atos, ficam instantaneamente registrados na eternidade. Entenda que, independente de qualquer coisa, aquilo que aconteceu não poderá ser desfeito.

É preciso haver um senso de transcendência dentro da gente. O bem e a verdade existem, independentemente de alguém estar vendo ou não. Devemos fazer o bem porque fomos feitos para ele e a prova disso é que se o negligenciamos de forma consciente, perdemos a paz. Então, não devemos fazer o bem porque alguém está vendo, mas porque é o que nos cabe. O bem é um fim em si mesmo. E também não podemos nos separar da verdade. Temos, sim, que falar a verdade e buscar a verdade das coisas, e não porque alguém pode descobrir a mentira, mas porque o nosso peito anseia pela verdade, quem mente perde sanidade e paz, a mentira causa neurose. O mal causa neurose. Um dos sinônimos da verdade é a realidade, se vivemos a verdade, vivemos a realidade. Já é difícil viver instalado na realidade, imagina viver sustentando uma mentira no paralelo, como os casos extraconjugais ou as pessoas corruptas que fazem caixa dois na empresa, é um peso que não fomos feitos para sustentar, então acabamos adoecendo emocionalmente. Os sintomas aparecem: ansiedade, aflição, insônia, transtornos alimentares, conflitos relacionais... Tudo isso é sinal de que estamos fazendo o que consideramos errado ou negligenciando o que consideramos certo.

Então você deve buscar desenvolver esse senso de transcendência. Tenha em mente: "Minhas ações, palavras e meus pensamentos ficam gravados na eternidade, mesmo que ninguém tenha conhecimento sobre eles.". Se você morrer amanhã ou daqui a dez anos, o que você fizer estará gravado na eternidade. Tudo fica registrado. Portanto, faça a escolha certa pela sua biografia, a história que você está escrevendo com a sua vida, não porque alguém está vendo ou porque alguém vai te julgar ou punir. O que você faz ou não faz jamais será reavido, editado ou desfeito. Coloque o peso adequado sobre cada ato seu. Um ato, para ser bom, precisa ter uma boa finalidade, um meio moral de execução e um resultado positivo. Caso contrário, ele não deve entrar na existência, deve ser deixado no mundo das ideias.

Nos meus vinte e oito anos, quando parei para analisar minha situação, reparei que eu estava com um grande sobrepeso, endividada, sem resultado profissional e que eu não ia conseguir reaver aquele tempo que já tinha passado e alguns prejuízos que eu havia tido. Durante vinte e oito anos, eu não tinha feito uma graduação, não tinha me alimentado bem, não tinha realizado nenhuma ascensão profissional. Não é possível editar o passado nem controlar o futuro. Porém, podemos e devemos viver o hoje de forma consciente, tendo em vista uma boa projeção do futuro mirando no bem. Então vamos nos comprometer a cuidar da qualidade dos nossos atos, a partir de hoje não vamos viver mais desatentos. Quando você pensar em dizer para o seu cônjuge: "A gente transa amanhã, hoje não.", tenha em mente: a transa de hoje você não vai reaver, o ato de amanhã não é o mesmo de hoje e o amanhã você não controla, pode acontecer ou não. Mesma situação pode ocorrer com um filho: "Amanhã eu te dou atenção.". Não podemos deixar para amanhã o bem que podemos fazer hoje, porque nunca vamos reaver aquele ato. Por isso precisamos desenvolver presença, prudência e um senso de transcendência para conceber que nenhum ato pode ser reavido, editado ou desfeito; mesmo que ninguém tenha conhecimento, nenhum ato vai deixar de ter existido por ser desconhecido. Dê o peso certo a cada ato, palavra e pensamento, pois tudo está sendo registrado no seu passado e na sua biografia.

## Livre-arbítrio

O livre-arbítrio é o peso da existência humana. Todos os dias, a realidade nos chama a escolher novamente. O livre-arbítrio é aquilo que nos salva, mas também é aquilo que nos condena. Se você fizer um inventário da sua vida e chegar à conclusão de que não foi uma boa vida, uma vida digna; o livre-arbítrio é o único recurso que possibilita a salvação da sua história. Você pode decidir agora, neste momento, começar a mudar de vida, assim como eu comecei. Entretanto, seu livre-arbítrio também permite que você permaneça no mesmo lugar ou desista de tudo. O livre-arbítrio é o peso da existência humana, porque é você quem decide se vai sair desse lugar e começar um processo de reforma pessoal ou se vai permanecer nas mesmas condições até o último dia. Faça o que você bem entender, porém assuma a responsabilidade e as consequências das suas escolhas. Não adianta culpar Deus, não adianta culpar a circunstância, não adianta culpar o marido, não adianta culpar as pessoas, não adianta culpar a economia, seus pais ou o diabo. Nada te isenta da possibilidade de escolher melhor a partir de hoje. A realidade sempre nos convoca a escolher novamente.

Use a sua liberdade de escolha para escolher o bem. E mesmo que a culpa não seja sua, pelas suas circunstâncias atuais, a responsabilidade por sair deste lugar é. O peso da existência humana chama-se livre-arbítrio. Diante do agora, sempre tem uma escolha melhor e uma pior. Podemos escolher o bem objetivo e começar a mudar nossa história para melhor ou continuar escolhendo mal. Lembre-se disso: A todo instante, a realidade te chama a escolher novamente, te dá uma nova oportunidade de escolher melhor. Quando eu tive consciência, eu me comprometi em escolher melhor: o que eu ia comer, o que eu ia consumir de conteúdo, as pessoas com quem eu ia me relacionar, o meu comportamento diante da contingência, os meus hábitos e tudo mais. Assim eu fui construindo minha nova realidade. Errar nas mesmas escolhas todos os dias não é uma falha, é uma decisão. Com toda essa clareza que eu trouxe para sua mente, esse tanto de conhecimento e de coisas preciosas, se você continuar fazendo o mesmo que fazia até ontem, isso não será uma falha, será uma decisão. Pois agora você tem consciência.

## Palavras-chave

Agora, para finalizar estes ensinamentos, quero trazer palavras-chave para relembrarmos o conteúdo visto aqui.

**1- Responsabilidade.** Grande parte das coisas não controlamos. É loucura querer controlar a contingência. O que temos que fazer é ter responsabilidade. É nosso dever controlar nosso comportamento diante das circunstâncias, mesmo as que não dominamos. Como disse, mesmo que não sejamos os culpados.

**2- Sono, alimentação e atividade física.** Só dê o próximo passo quando você conseguir ordenar esse tripé.

**3- Presença:** A falta de presença é a maior fonte de ansiedade. É o que te aprisiona nesse mundo interior, nesse tempo psicológico no passado ou futuro. Então tenha presença.

**4- Conhecimento.** Sem isso não há a possibilidade de você mudar suas crenças, de descobrir o que é verdade ou não, de aumentar sua possibilidade de ação, de acreditar que é possível. Portanto, busque conhecimento.

**5- Perdão.** Isto é essencial, porque o perdão te livra de fardos emocionais, é a ponte para um futuro e a possibilidade de você ser uma pessoa leve. Tome a decisão de dia após dia aceitar as suas limitações, seus erros e abrir mão da justiça em relação ao comportamento injusto dos outros, e assim alcançar a paz de espírito.

**6- Resultado.** Não há possibilidade de você desfazer o complexo de inferioridade, a baixa autoestima, se você não se admirar e obter resultados concretos. Foque em ter atitudes, conhecimentos e habilidades úteis. É preciso ter competências para oferecer isso aos outros, é assim que aniquilamos a baixa autoestima e o complexo de inferioridade, nos tornando uma pessoa admirável, boa e útil.

**7- Intimidade.** Ter intimidade de alma com algumas pessoas é algo que não pode ser negligenciado. Somos seres relacionais, portanto, busque alguém com quem se relacionar profundamente. Isso aplaca ou desfaz muitos medos.

**8- Silêncio.** O silêncio é a disciplina espiritual mais elevada. Coloque o silêncio, a contemplação e a mortificação no seu dia a dia, para então desenvolver virtudes como o amor, a fé, a esperança, a caridade, a justiça, a temperança, a prudência e a fortaleza.

Se você implementar um novo estilo de vida pautado nesses princípios, você será capaz de se relacionar de forma saudável com Deus, com os outros e consigo mesmo. E essa tríade unívoca relacional estando saudável, naturalmente vai elevar os níveis da sua felicidade em muito. Felicidade, que é o bem maior ao qual todos nós queremos chegar.

Para encerrar, quero deixar uma frase meditativa: o que faz uma pessoa se sentir feliz é estar no caminho do autoaperfeiçoamento, é perceber-se um pouquinho melhor a cada dia.

Pare e pense: a vida não é fácil para ninguém. Independente das circunstâncias, sempre teremos que lidar com diversas dificuldades físicas, financeiras, emocionais, afetivas, psicológicas, espirituais, profissionais, familiares...

Tenha esperança, ela é uma amiga propulsora. A esperança é aquilo que nos dá senso de sentido e motivação para seguirmos firmes independentemente das nossas circunstâncias. Quando alguém acredita em um futuro melhor até após a vida, o que conseguirá abalar tal pessoa? Nem mesmo a morte.

Foque na disciplina espiritual para desenvolver esperança e trilhar a jornada do autoaperfeiçoamento, que é o lugar da felicidade humana. Se você começar a implantar essa mudança hoje, amanhã você já se tornará uma pessoa mais feliz. O que é o autoaperfeiçoamento? É um caminho de melhoramento contínuo mirando no bem e na verdade. É isso que nos traz felicidade, é isso que enche o nosso coração e a nossa vida de sentido. É preciso olhar para trás e honestamente conseguir dizer: "Eu reconheço que era uma pessoa pior e que hoje estou me tornando uma pessoa melhor.". Isso traz uma satisfação imensa, porque fomos feitos para progredir. Nós não fomos feitos para estagnar e muito menos para regredir.

Nós fomos feitos para o progresso moral. Assim sendo: devemos ser peregrinos, seres caminhantes, trilhando o autoaperfeiçoamento até o último dia.

Um beijo no teu coração e até a próxima, se Deus quiser.

# Sobre a autora

Taty Alves é uma neuropsicóloga e palestrante com vasta experiência clínica. Ao longo de sua trajetória, ela já realizou milhares de atendimentos como psicoterapeuta e possui uma grande base de fãs em suas redes sociais. Além disso, é casada com Fábio André desde 2005 e, atualmente, o casal planeja ter filhos.

Made in the USA
Monee, IL
22 July 2023

39411262R00090